ÉTUDE COMPARATIVE

SUR

L'INSTITUTION DU NOTARIAT

DANS LES DIVERS PAYS

Par M. PRADINES

Avocat à la Cour de Paris

EXTRAIT DE LA *Revue de Législation comparée.*

Bulletin de l'Année 1870.

PARIS

EN VENTE AU JOURNAL DES NOTAIRES ET DES AVOCATS

52, rue des Saints-Pères.

1871

La Société de législation comparée a décidé, dans sa séance du 18 mars 1869, qu'une commission serait instituée pour étudier la situation du notariat dans les différents pays étrangers et faire ressortir les points de comparaison avec le notariat français, qui pourraient se dégager de cette étude.

Le conseil de direction a composé la commission de M. P. Pont conseiller à la Cour de cassation, président; de MM. Boiron et Michot, anciens notaires; de MM. Becker, Vavasseur et Pradines, avocats à la Cour impériale de Paris; de M. A. Jozon, principal clerc de notaire à Paris. M. P. Jozon, avocat à la Cour de cassation, a été adjoint à la commission comme l'un des secrétaires de la Société.

La commission a tenu chez M. P. Pont et sous sa présidence un certain nombre de séances.

M. Becker avait lu devant la Société et déposé sur son bureau une notice qui indiquait l'état du notariat dans les diverses législations. La commission a voulu remonter aux sources et procéder à une enquête qui embrassât à la fois et l'état de la preuve écrite dans les différents pays, et l'état du notariat qui n'est que l'institution plus particulièrement chargée de la constituer. Dans ce but, elle a rédigé un questionnaire que chacun de ses membres a adressé aux correspondants de la Société à l'étranger.

Ce sont les réponses faites à ce questionnaire qui forment les éléments de l'étude que nous publions aujourd'hui.

M. Pradines, au nom de la commission et comme son rapporteur, les a résumées dans une première partie doctrinale. Son travail est une véritable synthèse des documents envoyés à la Société, des renseignements qu'elle a recueillis et qu'elle a examinés tour à tour.

Précédé du questionnaire qui en est le préambule indispensable, il présente un véritable tableau d'ensemble de la législation française sur la preuve et sur le notariat, mise en regard de la législation des autres pays.

On trouvera dans une seconde partie qui lui fait suite, réunis comme annexe et classés pays par pays, l'analyse des documents législatifs envoyés à la Société. Ces documents concernent spécialement : l'Angleterre, le Danemark, la Suède, la Belgique, la Hollande, les provinces du Rhin, l'Allemagne du Nord, Hambourg et la Prusse, la Russie, l'Allemagne du Sud, la Bavière, l'Autriche, la Hongrie, la Suisse, l'Italie, l'Algérie.

La traduction et l'analyse en a été faite par MM. A. et P. Jozon, Boiron et Michot, Becker, Vavasseur et Pradines.

—

QUESTIONNAIRE.

1. Quel est le mode de constatation, en...
2. Comment leur donne-t-on l'authenticité ?
3. Y en a-t-il qui ne sont valables qu'autant qu'elles sont constatées authentiquement ?
4. Les actes authentiques ont-ils la même force exécutoire que les jugements ?
5. Quel est le moyen de conservation de ces actes ?
6. D'où dérive l'authenticité ?
7. Y a-t-il des fonctionnaires publics spéciaux chargés de la conférer ?
8. Ont-ils un monopole ?
9. Sont-ils obligés de prêter leur ministère, lorsqu'il est requis ?
10. Quel est le mode d'institution de ces fonctionnaires ?
11. Quelle est leur organisation ?
12. Quelles sont les conditions d'admission à leurs fonctions ?
13. Ont-ils le droit de choisir un successeur ?
14. Dans quelles conditions ce droit s'exerce-t-il ? •
15. Quel est leur mode de procéder ?
16. Le fonctionnaire peut-il procéder seul ou doit-il se faire assister d'un autre factionnaire ou de témoins ?
17. Est-il soumis à une responsabilité spéciale ?
18. Cette responsabilité est-elle garantie par un cautionnement ?
19. Comment sont déterminés les frais et honoraires qui lui sont dûs ?
20. Les fonctionnaires dont il s'agit forment-ils une corporation ?
21. Comment s'administre-t-elle ?
22. Les chefs de la corporation sont-ils investis d'un pouvoir disciplinaire ?
23. Quelles sont les obligations de ces fonctionnaires en ce qui concerne le paiement des droits auxquels donnent lieu les actes de leur ministère ?
24. Quelle valeur ont, en   , les actes reçus par des notaires français ?
25. Enfin le correspondant est prié de donner son opinion personnelle sur ce qu'il trouve de défectueux dans l'organisation notariale de son pays.

RAPPORT.

§ Ier. — IDÉE GÉNÉRALE SUR LA PREUVE.

Les conventions peuvent naître par le seul accord des volontés. Mais elles ne sont vraiment assurées de garder leur empire que si elles s'appuient sur l'autorité de preuves irrécusables. Ce n'est pas seulement parce que tout contrat produit une restriction à la liberté de celui qui le souscrit qu'il est exposé à être contesté, et qu'il importe de le soustraire au doute; c'est encore parce qu'il n'a d'autre source que le libre arbitre des parties, et que la volonté individuelle peut varier à l'infini dans les termes qu'elle emploie pour se manifester. Aussi, comme le but des institutions dans toute société où règne l'idée du droit, est d'y élever les conventions privées à la hauteur des lois, le législateur a-t-il partout mis ses soins à en organiser la preuve, et partout la raison a-t-elle fait prévaloir ce principe que la force des engagements privés y est attachée au dégré plus ou moins grand de leur certitude.

Il n'y a encore rien de tel pour établir contre l'homme les obligations consenties par l'homme que de se fonder sur son aveu. Dans l'ordre des moyens de preuve, l'aveu est le premier. Provoquer par avance, au moment où le consentement se donne, l'aveu exprès de celui qui s'engage, lui en demander l'expression par des signes matériels et durables, afin qu'ultérieurement, en retrouvant l'expression positive et visible de la parole donnée l'esprit puisse induire de cette constatation toute physique l'existence des stipulations qu'elle a eu pour objet, tel est le procédé employé par tous les peuples pour constituer la preuve. La découverte de l'écriture, des tablettes à écrire, du papyrus, du parchemin ou vélin (1), et enfin du papier de linge à la fin du XIIIe siècle (2) l'ont suggéré ; le mouvement prodigieux des transactions qui est devenu la vie même du monde moderne ne permettrait plus de s'en passer aujourd'hui.

La preuve par écrit a cette supériorité sur tous les autres modes

———

(1) Polydore, Virgile. — De inventoribus rerum. Lib. II, cap. VIII.
(2) Loret, p. 37.

de preuves, sur le témoignage, sur les présomptions, sur le serment, qu'en sollicitant par avance l'aveu d'un fait pour le retenir, elle ne permet plus de le nier. Une fois qu'elle existe, elle prévient la mauvaise foi et la déconcerte. C'est ce qui explique le nom de preuve *préconstituée* qu'elle a reçu, ou de preuve antilitigieuse que Bentham lui a donné. C'est en même temps ce qui justifie la faveur particulière avec laquelle on la toujours envisagée. Elle est en réalité, au sein de la société, la source presque unique de la confiance et du crédit, et ce n'est rien exagérer que de dire que par les ressources qu'elle a mises à la porte du génie de l'homme, elle doit être considérée comme une des conquêtes les plus importantes de la civilisation.

Toutefois, si depuis la découverte de l'écriture, les avantages et la force de l'aveu écrit ont été unanimement reconnus, on se tromperait fort en croyant qu'ils donnent la mesure du dernier progrès accompli dans la constitution de la preuve.

L'aveu même lorsqu'il est écrit n'est qu'un fait d'où l'on peut induire la vérité. Il a sans doute une valeur incontestable quand il s'étaie sur un aveu semblable, constaté dans un écrit simultané et similaire, comme cela a lieu pour tous les actes faits en double à l'occasion des engagements synallagmatiques. Mais il laisse encore une certaine place au doute, car bien que fait en double, il peut être le résultat d'une entente mensongère ou l'œuvre de la surprise et de la fraude (1).

Quelle force ne prend-il pas au contraire s'il s'appuie sur des faits contemporains dont on puisse aussi conserver la preuve matérielle et par exemple, sur la déclaration concomitante de témoins qui confirment ses énonciations et en attestent la réalité et l'exactitude ?

Le témoignage de l'homme, on le sait d'après les art. 1341 et suivants de notre Code, et d'après toutes les législations, est au nombre des moyens de preuve. Lorsqu'il se joint à l'aveu écrit et qu'il fait partie intégrante de l'acte où il est consigné, il en double l'autorité ; et si en outre les témoins à qui il est dû ont un caractère particulier de sincérité, si par leurs aptitudes, par le caractère des fonctions dont il sont investis, par leur impartialité et leur compétence, ils sont plus spécialement dignes de confiance, quoi d'étonnant que leur déclaration commande la foi, puisque ces indices particuliers de la vérité qu'on appelle présomptions et qui sont à eux seuls un moyen si puissant de preuve, lui prêtent un dernier caractère d'évidence.

C'est en tenant compte de ces observations qu'on a imaginé de créer un moyen spécial de preuve qui devait être plus fort que tous les autres en ce qu'il les réunissait tous. En appuyant l'aveu écrit sur le témoignage, le témoignage sur diverses présomptions résultant de certaines formes prévues qui ont la publicité et les règles de compétence pour garanties, en faisant concourir avec la déclaration de témoins domiciliés et désintéressés, celle d'un fonctionnaire assermenté responsable et impartial institué à cet effet dans chaque localité, on est arrivé à créer cette preuve par excellence qu'on appelle la preuve authentique.

La preuve authentique est précisément celle qui a pour objet de concentrer, à l'aide de l'écriture, dans un même acte, et au profit d'un même fait, tous les genres de preuves connues, l'aveu, le té-

---

(1) V. Savigny, Dr. Rom., t. 7, chap. IV.

moignage de l'officier public et des témoins, les présomptions, et dans une certaine mesure, le serment. Lorsqu'ils sont groupés autour d'un fait déjà avoué par écrit, ces éléments de preuve se tiennent pour réfléchir sur lui leur force probante, et leur faisceau communique à l'acte sur lequel ils se condensent une force si grande qu'il est réputé inattaquable.

Par cela seul qu'il existe, l'acte authentique établit pour vrai ce qu'il contient, non-seulement à l'égard des parties qui ont consigné leurs aveux écrits, mais encore à l'égard des tiers. Sa date est réputée certaine comme son contenu. Il a en lui une telle puissance qu'il suffit à faire tomber toute allégation qui tendrait à le contester. Il se défend lui-même (1), $\alpha\upsilon\theta\epsilon\iota\tau\eta\varsigma$. Il faut qu'on articule, qu'on prouve, et qu'on juge contre lui qu'il est faux pour que ses énonciations puissent cesser d'être vraies, et qu'il soit destitué de ses effets.

Bien longtemps les législations s'en sont tenues, même pour la preuve préconstituée des conventions, à l'aveu et au témoignage simple constaté par écrit; aujourd'hui même encore certains peuples, tout en ayant maintenu la preuve préconstituée dans leur législation, ne connaissent pas la preuve authentique.

Mais d'autres nations au contraire ont tenu à faire passer dans leurs lois ce procédé ingénieux d'organisation, et en quelque sorte de construction de la preuve, que les progrès de la raison juridique avaient porté les jurisconsultes à découvrir. Tel est le premier fait que révèle l'étude comparative qui nous a été proposée.

Il est utile de le signaler dès le début, car dans ce travail qui a pour objet de déterminer quelle est la meilleure organisation des fonctionnaires institués pour créer l'authenticité, il est assez singulier de voir que l'utilité de l'authenticité elle-même ou du moins sa nécessité ne sont pas unanimement admises, et que tandis que nous recherchons si l'organisation du notariat français s'est partout répandue ou a partout son analogue, nous apprenons que dans certains pays elle n'aurait même pas de raison d'exister. Ce point de vue est d'autant plus intéressant à signaler que ce serait une grande erreur de croire que les pays où la preuve authentique n'est pas organisée soient ceux où les transactions sont difficiles, le commerce peu développé, la vie sociale languissante. C'est l'Angleterre et ses colonies, c'est l'Union américaine dans toutes les parties de son territoire où la législation anglaise est encore en vigueur, c'est enfin le Danemark et ses colonies qui ont jusqu'ici jugé superflu d'organiser l'authenticité et d'instituer des fonctionnaires pour la conférer. Aussi verrons-nous, lorsque nous arriverons au terme de ce travail en examinant l'idée des réformes que soulève l'observation de l'institution notariale, qu'il y a aujourd'hui une opinion considérable, qui met en question au nom de ces faits la nécessité de la preuve authentique, ne l'envisage que comme une entrave à la liberté des transactions, et comme une tutelle que la loi ne doit point aux parties, et qui en un mot, niant sa nécessité, nie par cela même que la société ait à instituer des fonctionnaires pour la créer (2). Le parallèle que dès lors nous sommes appelés à pour-

---

(1) Apud se defendit, dit Dumoulin.

(2) Opinion de Mᵉ P. Jozon, docteur en droit, avocat au Conseil d'Etat et à la Cour de Cassation, qui du reste a ajouté que, dans l'état actuel de la législation et des mœurs, la preuve authentique devait provisoirement être maintenue.

suivre entre les pays où le notariat et la preuve authentique n'existent pas, et ceux au contraire où ils sont institués, vous permettra d'apprécier les avantages de l'un et de l'autre système.

§ II. — ACTE SOUS SEING PRIVÉ. — PREUVE ANGLAISE.

Tous les genres de preuves, sauf divers cas qu'apprécient souverainement les tribunaux (V. Rép. au Quest., p. 4, n° 1), sont admis en Angleterre pour y établir l'existence et la portée des conventions. En conséquence, lorsqu'on veut y réclamer l'effet d'une obligation on peut avoir alternativement ou simultanément recours aux cinq moyens connus de preuve, c'est-à-dire à l'aveu, au témoignage, aux écrits, aux présomptions ou au serment. Cependant pour toute convention de quelque importance, l'aveu écrit émané de la partie, ou témoignage préconstitué des faits qu'on allègue contre elle, est le procédé le plus généralement usité. L'aveu écrit n'y est d'ailleurs pas lui-même absolument indépendant de toute condition de formes. Pour être considéré comme parfaitement régulier, l'écrit doit être fait en autant d'originaux qu'il y a de personnes qui y sont parties, contenir leurs noms et qualités, énoncer la cause et l'objet des conventions, être libellé sur papier ou sur parchemin timbré, être revêtu du sceau des contractants et même de leur signature, pour les conventions les plus importantes (29e statut Charles II (chap 3) Il doit enfin être contresigné au pied ou au dos, certifier la sincérité des faits qu'il relate et mentionner la lecture entière de son contexte selon sa forme et teneur. Avant de remettre aux parties les doubles d'un acte, on les applique ensemble sous même ciseau, ou y pratique en marge un certain nombre d'entailles et de dentelures, afin qu'ultérieurement, en les rapprochant, on puisse reconnaître par l'état extérieur de leurs marges leur identité.

On le voit, en l'absence de l'officier public, l'acte sous seing privé qui représente à lui seul en Angleterre toute la preuve préconstituée, ne semble jamais plus probant que lorsqu'il est revêtu de toutes les formalités qu'il est en France du devoir de l'officier public d'observer dans les actes qu'il a mission de dresser.

Ces formalités n'y sont cependant pas tellement essentielles que, si l'une d'elles est absente, il ne soit loisible au juge de la suppléer. Dès lors qu'il est scellé ou signé, l'écrit même incomplet vaut commencement de preuve, et par une disposition qu'on regrette de ne pas trouver dans la loi française, les témoins qui ont assisté à sa confection peuvent être entendus sur la vérité et la valeur de son contenu.

Par contre, toutes les formalités possibles eussent-elles concouru au même acte, que la force qui, d'après d'autres législations, est inhérente à l'authenticité lui ferait encore défaut. Toute partie à laquelle on oppose son écriture ou sa signature peut la dénier. Elle n'est même pas obligée comme en droit français de la désavouer formellement. (V. art. 1323 C. N.)

Il lui suffit de déclarer qu'elle ne la connaît pas. Elle peut même opposer le silence aux questions qui pourraient lui être adressées à ce sujet. (V. Bonnier, *Des Preuves*, n° 712).

Il faut alors procéder à une vérification qui ne se fait pas, comme en France par expertise, mais par comparaison devant le juge (Bonnier, n° 732, p. 493), et sur pièces reconnues. (Bonnier, p. 310), ou par voie d'enquête dans laquelle les témoins sont entendus (Bonnier, nº 721).

Ainsi à aucun degré on ne connaît en Angleterre l'intervention de ce témoin public établi ni leurs pour attester les conventions des parties et en dresser l'acte, qui prête serment à cet effet, dont la signature est déposée au greffe des tribunaux, et dont la seule présence au milieu des témoins qui lui servent d'assesseurs suffit à donner aux déclarations qu'il reçoit selon les formes légales toute l'autorité d'un jugement rendu ou d'une loi promulguée.

On emprunte pour la rédaction des conventions, là comme partout, le secours d'intermédiaires, mais ceux dont on réclame l'office ne sont à aucun titre des représentants de la loi ou de l'autorité. Tout homme que ses lumières, ses aptitudes ou sa situation mettent à la portée des parties, peut-être employé par elles. Son ministère qui est toujours facultatif ne saurait avoir pour effet de communiquer aux actes qu'il dresse une force particulière.

Dans certains cas particuliers, il est vrai, on est dans l'usage de s'entourer de formes plus solennelles : lorsqu'il s'agit par exemple de la transmission de la propriété foncière ou de l'exécution des testaments ; mais alors c'est à l'intervention du parlement ou de la justice qu'on fait appel. On provoque une loi ou un jugement, non pas tant dans le but d'attester d'une façon plus certaine la transmission des biens que pour opérer la liquidation et la purge des droits réels qu'on veut conférer. On invoque en un mot l'intervention de la justice pour opérer la consolidation de la propriété aux mains de celui qui s'en rend acquéreur (1).

C'est ainsi encore que la loi exige avant l'exécution des testaments leur affirmation devant la cour ecclésiastique (*Journal du Not.*, article de Mᵉ E. Hennequin, 2 janvier 1858) ; mais le ministère des notaires n'est exigé dans aucune de ces circonstances.

Il y a cependant des notaires en Angleterre, et notamment à Londres. M. Jeannest Saint-Hilaire, dans son *Traité du Notariat et des Offices*, 1858 (2) ; M. E. Hennequin, dans trois articles publiés par

---

(1) « Vous savez, écrivait M. Schily dans le *Journal du Notariat* du 5 « mars 1862, comment se pratiquent en Angleterre les transferts d'immeu- « bles ; c'est-à-dire qu'ils se font comme ils peuvent, comme il plaît à Dieu « et à MM. les sollicitors....

« De livres fonciers ou hypothécaires... les Anglais n'en possèdent aucun. « Je me trompe ; ils possèdent la sainte relique du Doomsday-Book, œuvre « conçue par Alfred le Grand et commencée par Guillaume le Conquérant, « non pour faire des miracles, mais pour servir d'assiette d'impôts, de ma- « chine de taille et de taxe. »

L'auteur explique que lord Westbury et lord Cramworth sont chacun auteurs de deux projets à peu près semblables, ayant pour objet la régularisation de la transmission de la propriété foncière.

Le projet de lord Westbury proposait la création de deux bureaux, l'un d'examiner, l'autre de registrar, sous la direction du lord Chancelier. Selon le premier de ces projets, tout possesseur de terre qui voudrait vendre devrait commencer par faire examiner ses titres. S'ils étaient trouvés exacts, l'office lui délivrerait un titre valable même à l'égard des tiers, qu'il irait alors faire enregistrer au registrar-office. Le bénéfice de la future loi devait rester facultatif.

Ce projet a été converti en loi, paraît-il ; mais la loi aurait eu jusqu'ici peu de résultats, et la nouvelle procédure serait restée à l'état de lettre morte.

(2) Cet intéressant ouvrage est le premier qui ait ouvert la voie à la législation comparée dans les matières notariales.

le *Journal du Notariat et des Offices ministériels*, les 11 décembre 1857,
2 et 6 janvier 1858 ; M. Beker, dans une brochure publiée par le
Journal des Notaires et des Avocats en 1863, nous ont appris ce qu'é-
taient les notaires anglais. (V. Rép. au Quest., p. 6 et 7.)

Ils ont la mission, dit ce dernier auteur; « de noter et protester
» les traites de change et effets de commerce, de préparer les actes de
» présentation à paiement, et de dresser généralement toutes copies
» d'actes qui, par cela même qu'ils les dressent, sont réputées certi-
» fiées conformes et ont la valeur de copies légalisées. » Les
notaires anglais dressent en outre « les *affidavit* des marins et ca-
» pitaines, et la plupart des contrats de mer. »

Leurs attributions, leur compétence sont, on le voit par cela
même, presque exclusivement commerciales (1). Ils sont dans ce but
organisés en corporations dans lesquelles, depuis George III. on
n'est admis qu'à la condition de justifier d'un stage et d'un *affidavit*.
(*Not. act.* 41, cap. 19, 27 juin 1801. V. Beker, chap. 3.)

Leur nombre est limité, et dans la cité de Londres, à Westmin-
ster, à Southwark, ils exercent un véritable monopole (2), qu'ils
peuvent partager ailleurs avec les attorneys ou solicitors ou
proctors autorisés à cet effet, lorsque le maître des Facultés de
l'archevêque de Cantorbéry a constaté que leur nombre n'était pas
suffisant.

Comme tous les hommes d'affaires anglais, les notaires, une fois
pourvus de leurs diplômes, achètent leurs clientèles ou s'associent
à des cabinets déjà achalandés dans toutes les villes où ils trouvent
des positions à prendre. L'achat de la clientèle, la constitution en
corporation, le monopole auquel ils ont droit en vertu de leurs diplômes sont les seuls traits d'analogie assez lointaine qu'on puis
leur trouver avec nos titulaires d'offices et nos notaires.

Ils n'ont, à vrai dire, de ces derniers que le nom, et bien que
pouvant prétendre à la rédaction des conventions au même titre
que les solicitors ou attorneys (avoués) (3), les proctors (avoués
des cours ecclésiastiques), les chamber counsels (avocats consul-
tants (4), les scriveners, agents d'affaires receveurs de rentes),
et en général tout individu qui trouverait à faire agréer ses services,
les notaires anglais sont encore, parmi les membres des corporations judiciaires anglaises, ceux qui reçoivent le moins de contrats.

Les règles qui régissent la preuve en Angleterre sont observées
en Amérique partout où les lois anglaises sont encore en vigueur.

En Danemark, où pareillement il n'y a pas à proprement parler

---

(1) V. sur cette dernière attribution des notaires un article de M. Beker
(*Journal du Notariat* du 12 février 1862), sur la valeur d'un *bond* ou pro-
messe de payer rédigé en Angleterre, et certifié par un notaire de
Londres.

V. aussi *infra*. Trav. de M. Trepagne, notaire à Paris.

(2) Sur les privilèges de la cité de Londres en ce qui touche l'organisation
judiciaire. (V. Discours de rentrée de M. Saglier, sur l'application du jury,
p. 21. Paris 1870.)

(3) Les premiers près des cours d'Equity, les seconds près des cours de
Common law. — V. Disc. de M. Saglier, avocat à la Cour de Paris, sur le
jury civil. L'état de ces deux juridictions qui ont été instituées parallèlement en Angleterre, y est décrit d'une façon fort intéressante.

(4) Les chambers counsels ne doivent pas être confondus avec les baristers. Les Baristers avocats uniquement adonnés à la plaidoirie ne se prêtent
presque jamais à la rédaction des conventions. (V. le Barreau anglais de
M. Heilbronner. Paris, 1858.

d'actes notariés, il n'y a point de notaires (V. Rép. au Quest., page 9). La preuve de toute convention peut se faire, comme en Angleterre, par le témoignage de deux personnes qui ont assisté à l'engagement.

Celui dont le nom se trouve au bas d'un acte est tenu de l'exécuter, à moins qu'il ne le dénie, dénégation qui doit être formelle comme en droit français, et même faite sous serment (1).

L'aveu écrit étayé du témoignage, en dehors de toute solennité, est donc le mode général de preuve.

Toutefois, pour quelques transmissions immobilières d'une importance exceptionnelle, comme en Angleterre, on est dans l'usage de provoquer une décision juridique devant une juridiction spéciale, le Thinglesning : le jugement d'accord qui est rendu et qui a la forme de nos procès-verbaux de conciliation, confère aux conventions l'autorité et la force exécutoire.

Les testaments se font aussi généralement devant le greffier du tribunal qui remplit à cet effet, avec assistance de deux témoins, les fonctions de notaire, mais qui du reste ne fait que certifier la sincérité de la signature apposée au bas des écrits qui lui sont apportés, sans leur donner l'authenticité ni l'exécution forcée, et qui enfin ne les transcrit sur ses registres que si on lui en fait la réquisition (2).

A Copenhague, vu la multiplicité des transactions, il y a un notaire général qui n'a pas d'autres fonctions que l'espèce d'insinuation dont il vient d'être parlé. V. Rép. au Quest. p. 9 (3).

§ III. — DE L'AUTHENTICITÉ SELON LES LOIS FRANÇAISES.

Acte notarié. — Type français.

L'assimilation au jugement de l'acte public dressé selon certaines formes, par les mains d'un fonctionnaire spécial qui n'est pas le juge, mais qui *dit* la volonté des parties comme le juge dit le droit en cas de litige, est une idée relativement nouvelle et qui paraît essentiellement française.

Rome ne la connut point. Il y eut bien sous la république et sous les empereurs des *notarii* et des *tabelliones* qu'une tradition erronée a fait parfois confondre avec les notaires actuels, mais les premiers n'étaient que de simples scribes que certaines familles entretenaient parmi leurs esclaves pour écrire en abréviation (*notœ*, d'où leur nom) les actes qui les concernaient. Quant aux autres, les tabellions, bien que remplissant une charge publique, et réputés de condition libre, ils n'eurent jamais en eux l'autorité nécessaire pour donner aux actes qu'ils dressaient la vertu qui distingue aujourd'hui nos actes notariés.

Les jurisconsultes romains n'avaient pas en un mot découvert la force rationnelle qui découle naturellement de la réunion de ces

(1) En Turquie, tout écrit signé d'une personne est réputé sincère, tant que cette personne n'en atteste pasla fausseté par serment.

(2) Dans l'usage germanique, pour faire reconnaître les contrats contestés, on assignait en *record* des témoins devant le juge. Le jugement tenait lieu d'acte. Les jugements de record étaient devenus un mode de preuve (Cout. de Bouillon, 8.57.)

(3) En Espagne, dans l'Amérique espagnole, les notaires ne seraient que des écrivains publics; la preuve serait organisée comme en Angleterre. (V. Rép. Quest., p. 42).

trois sortes de preuves l'aveu écrit, devant un officier public qui représente la société, le témoignage, les présomptions. Il fallait si on en contestait l'écriture, que le tabellion vînt reconnaître lui-même l'acte qu'il avait dressé et qu'il en affirmât la sincérité. S'il était mort ou absent, on se bornait, à son défaut, à appeler les témoins dont il s'était entouré, et on procédait à une vérification d'écriture.

Dans le dernier état de la législation romaine, on avait senti cependant le besoin de créer pour les actes l'authenticité, et on imagina qu'elle pouvait résulter de l'insinuation que le tabellion ferait faire de l'*instrumentum* de l'acte sur les registres du magister *census* à Rome (1), et des magistrats municipaux dans les provinces. Les magistrats en donnant place aux actes sur leurs registres étaient censés se les approprier, et ils leur communiquaient le caractère qu'ils donnaient à leurs propres décisions.

L'acte reçu par le tabellion et insinué faisait foi par lui-même de ses énonciations et de sa date. Il était inutile de le faire vérifier. « *Superfluum est*, dit Zénon, livre xxxi, *Cod. de Donat.*, *privatum* « *testimonium quum publica testimonia sufficiant.* » L'utilité des écritures insinuées avait été si bien éprouvée que Justinien avait ordonné la création d'archives pour les recevoir dans toutes les villes où il n'en existait pas (Nov., chap. 15, § 2).

A six siècles de distance, c'est incontestablement la tradition justinienne qui a apporté parmi nous le germe de l'institution notariale.

Lorsqu'en 1137 le hasard eût fait découvrir, dans un monastère de la Pouille, le Code que Justinien avait promulgué en 529, les lois romaines ne tardèrent pas à recouvrer dans les pays qu'elles avaient si profondément façonné à leur image l'empire qu'elles y avait eu. Dans les provinces du midi de la France notamment, au milieu de tant de cités et de bourgs qui vivaient encore du souvenir des anciens municipes, elles devinrent le droit commun. Le ministère des *tabelliones* ne fut pas long à s'y rétablir. Mais il subit nécessairement l'influence de la société nouvelle. A une époque où la féodalité était maîtresse absolue du sol, maîtresse des hommes qui y vivaient attachés, suzeraine reconnue des villes, le droit de rendre la justice était aussi devenu un droit féodal. Le juge était le lieutenant du seigneur, la justice un des revenus de la terre. La découverte de la tradition justinienne n'eut donc au début qu'un effet, ce fut d'apprendre au seigneur, avec l'aide des légistes, que c'était également sous son autorité que devaient se faire les conventions qui, d'ailleurs presque toutes, avaient la terre pour objet, et qu'il ne pouvait appartenir qu'au juge institué par lui de leur donner la consécration qu'autrefois on allait chercher auprès du magister census.

Tel était l'état de chose qui s'était établi presque partout en France, et notamment dans les domaines du roi, qui est à cette époque le premier seigneur féodal, et dont l'histoire reflète en elle toute l'image de la féodalité.

Le prévôt de Paris y rendait justice au nom du roi son seigneur, et c'était également devant cet officier qui siégeait au Châtelet qu'on allait passer les contrats dont on voulait assurer la conservation et l'exécution. (Loyseau, l. ii, chap. 4, *des offices*).

Le grand fait qui a donné naissance à l'institution notariale ne

---

(1) Ou à Constantinople.

tarda pas dès lors à se produire. Saint Louis en fut le promoteur à la fin du 13e siècle.

Il y avait cent ans environ que les Instilutes avaient été décou-vertes ; la servitude personnelle avait été abolie par Louis VIII, et l'usage des combats judiciaires, des épreuves par le feu, par l'eau bouillante, seule sanction de la foi jurée, dans ces époques pri-mitives, avait été supprimé. Au milieu du grand mouvement com-mercial né des croisades, l'étude du droit se propageait malgré les défenses d'Honorius III et d'Innocent IV; l'organisation des corps de métiers secondait l'effort de l'industrie, et le prévôt de Paris ainsi que les juges qui l'assistaient, surchargés par les devoirs de leurs charges, avaient dû abandonner à leurs clercs et greffiers la rédac-tion des contrats dont on venait leur demander l'insertion sur leurs registres, et que la découverte contemporaine du papier de linge multipliait de plus en plus, lorsque Louis IX, poursuivant l'idée d'arracher cette société barbare à la force pour la placer sous l'em-pire de la justice, prit une de ces initiatives hardies qui semblent n'avoir jamais fait défaut à la royauté durant sa longue histoire. Il sépara du prévôt dont ils dépendaient les clercs et greffiers qui recevaient les conventions des parties, et tout en leur conservant l'autorité qu'ils tenaient de cet officier, il les appela à recevoir di-rectement et en dehors de lui les actes des parties.

Un certain nombre de clercs, sous le titre de notaires ou tabel-lions, furent institués près le Châtelet de Paris, avec pouvoir de dresser les conventions privées au nom du roi et de les rendre au-thentiques et exécutoires comme les actes qu'ils dressaient aupara-vant. Ils furent dispensés d'avoir recours à l'intervention du juge, (V. Delamarre, *Traité de la police*, liv. I, tit. I, chap. 2.) (1).

La juridiction contentieuse devint dès lors distincte de la juridic-tion volontaire. Chacune eut son domaine à part qui constitua la compétence propre du fonctionnaire ou magistrat autorisé à y parler pour le roi. Partout en face du juge siégea le notaire, car bientôt les grands vassaux imitèrent l'exemple de la couronne et furent imités à leur tour par les arrière-vassaux, qui eurent aussi à côté de leurs juges leurs tabellions. (Loret, *Etudes sur le notariat*, p. 21.)

La royauté faisait plus encore à cette époque. Tandis qu'elle dé-tachait de la couronne le droit de rendre la justice et le concédait à des compagnies de magistrats, par une sorte de bail à ferme, comme dépendance de son domaine, elle concédait parallèlement la juridiction volontaire (2) à des corporations de clercs et de pra-ticiens qui eurent seuls, sous une condition analogue, le droit de l'exercer.

La vénalité et l'hérédité se trouvaient en germe dans un pareil régime. Elles y prirent bien vite racine, surtout parmi les notaires dont le monopole dut se concilier dès lors avec le choix des par-ties, libres de s'adresser à tel ou tel d'entre eux plutôt qu'à tel autre, et qui, en conséquence, sous l'influence de la concurrence, cherchèrent à donner à leurs charges, par l'achalandage et la clien-

---

(1) Les notaires sont établis les juges volontaires qui condamnent les hommes, de leur plein gré, à l'exécution de leurs conventions, dit Loy-seau.

(2) Dans le Grand Coutumier, on voit que ces droits et profits de la jus-tice étaient donnés à ferme. Une ordonnance de saint Louis, rapportée par Benedict, l'atteste aussi.

tèle, cette valeur vénale qui est propre aux industries créées par le travail et les transforme tôt ou tard en propriétés.

Interdites d'abord (1), tolérées plus tard et parfois autorisées (2), la vénalité (3) et l'hérédité (4) des offices furent définitivement consacrées sous Louis XII et François Ier, notamment en ce qui touche les notaires.

C'est ainsi que le notariat prit sa place dans cette féodalité des offices, qui bientôt s'éleva en rivale de celle du sol, et qui par son développement finit par porter si haut la puissance de la royauté dont elle était issue.

Les notaires créés par saint Louis au lieu et place des greffiers du Châtelet furent au nombre de 60 et reçurent le nom de notaires jurés conseillers du roi. Ils eurent compétence dans toute la France.

Dès cette époque on trouve dans les attributions qui leur furent imparties les caractères principaux qui les distinguent encore aujourd'hui.

Comme représentants du roi et assermentés à sa personne ils furent autorisés à donner l'authenticité aux actes qu'ils dressaient assistés de témoins, à en délivrer des expéditions faisant foi.

Institués par le roi, et délégataires de sa puissance ils purent en son nom conférer l'exécution parée à ces mêmes actes et en délivrer des grosses.

Ils eurent ce double droit à l'exclusion de tous autres. Il devait en être ainsi. On en fait justement la remarque devant votre commission (5), la faculté de donner l'authenticité, étant par elle-même exorbitante, il est impossible qu'elle appartienne au premier venu. Elle appelle le monopole. Elle lui doit une partie de sa force et de son crédit. La discipline, la responsabilité que nécessitent les fonctions notariales commandent également l'application d'une règle

---

(1) V. ordonnances du 19 mars 1314, 13 février 1327, 19 novembre 1393, du 7 janvier 1407, du 25 mai 1413, de 1440 et de 1493.

(2) La vénalité des offices avait été tolérée et même pratiquée sous le règne de saint Louis, de Philippe le Bel, de Philippe V et du roi Jean.

(3) Louis XII se vit obligé de vendre les offices pour acquitter les dettes contractées par ses prédécesseurs. Ce ne fut qu'en 1522 que François Ier, guidé par le chancelier Duprat, pratiqua ouvertement et sans restriction la vénalité, et ouvrit le bureau des parties casuelles pour servir de boutique à cette nouvelle marchandise. (Loyseau, liv. III, chap. Ier, n°s 86 à 94. Merlin, v° *Office*, n° 1.)

(4) Sous François Ier, on ne pouvait vendre les offices commes les bénéfices eux-mêmes, qu'à la condition de survivre vingt jours au moins au traité. On les vendait parce qu'ils avaient été concédés moyennant finance. Mais, étant personnels, il fallait que les titulaires exerçassent de leur vivant leur droit de vendre. Ils ne le passaient pas à leurs héritiers. On appelaient ces offices : *offices casuels*. Les notariats étaient du nombre. Les édits de survivance de 1568, 1574, 1578, 15·6, l'édit de Paulet (2 décembre 1604), mirent fin à cet état de choses et créèrent vraiment l'hérédité des charges, en assujettissant les titulaires pour transmettre leurs titres à un droit de résignation qui était du tiers de la valeur de l'office.

D'après l'édit de 1604, en payant chaque année au Trésor une somme fixée d'abord au soixantième, puis au centième denier de la valeur des charges, on put être dispensé, au moment de la résignation, de la moitié du droit ci-dessus indiqué.

(5) Même privilège aux notaires de Montpellier et d'Orléans établis. Lect. Pat., Louis XII, av. 1510-1512.

de cette nature (1). Les notaires furent en conséquence et des premiers constitués en corporations privilégiées à un moment, il est vrai, où toutes les professions recevaient une organisation analogue, mais ils ne dépouillèrent plus ce caractère qui est essentiel à leur ministère.

Les notaires de saint Louis trouvèrent en outre dans la concession exclusive qui leur fut faite du droit de recevoir les actes dans tout le royaume, érigé dès lors en charges ou titres d'offices, en même temps que le principe de leur monopole, celui de leur inamovibilité actuelle et de leur institution à vie. Les ordonnances de Philippe le Bel du 5 juin 1300, celle de 1317 dite constitution Philippine confirmèrent ces priviléges.

Une autre ordonnance de 1304 crée dans tous les domaines du roi, à l'instar de Paris, des charges de notaires conseillers du roi avec les mêmes droits. Leur ressort fut seulement moins étendu (1).

On comprit enfin, dès ce moment, que pour assurer toute leur force aux titres qui sortaient si complets et si puissants des mains des notaires, il y avait intérêt à prescrire à ces officiers la continuation des registres ou protocoles qu'ils avaient tenus sous les prévôts eux-mêmes.

On rencontre en effet dans l'ordonnance de 1300 (2), rendue par Philippe le Bel, car on n'a pas le texte de l'ordonnance de saint Louis, les premières dispositions qui prescrivent expressément aux notaires de garder registres de leurs actes (V. Sic., ordonnance de 1304, de Charles VII en 1437 et enfin de François Ier en 1539) (3).

Ainsi droit exclusif pour les notaires de donner aux actes l'authenticité et de les revêtir de la force exécutoire ; droit d'en délivrer des grosses et expéditions ; obligation d'en assurer la conservation dans un dépôt qui prend un caractère public (4), bien qu'il reste dans leurs mains et qu'il y devienne plus tard une sorte de propriété ; inamovibilité et institution à vie, constitutions en corporations, telles sont les prérogatives et les attributions des notaires de saint Louis et de Philippe le Bel.

Le ministère notarial est dès lors fondé sur les bases où il existe encore aujourd'hui. Dès cette époque, il revêt aussi ce caractère singulier, que tout en étant officiers publics ceux qui en ont obtenu le titre doivent être les hommes de confiance des parties, et que tout en tenant les pouvoirs les plus étendus de l'investiture royale, ils n'en ont l'exercice que si l'initiative privée fait appel à leur ministère.

Il faut ajouter cependant pour être entièrement exact, que les notaires n'ayant pas toujours rempli avec fidélité la quadruple mission qui leur avait été confiée de dresser les actes, d'en délivrer les grosses et expéditions, et d'en conserver minute, se virent destitués depuis à diverses époques d'une partie de ces attributions. On les leur enleva, et le Trésor royal en profita pour les aliéner moyennant argent à d'autres corporations qui furent reconnues.

Sous François Ier, par exemple, quatre catégories d'officiers

---

(1) M. A. Jozon. Même sens. M. Pont. *Rev. crit.* t. 7, p. 35 et Mourlon, Introd. au formulaire.

(2) V. Code du notariat, par Roll. de Vill., 1er vol.

(3) V. aussi Euryale Fabre. Histoire du notariat. Paris, 1849, brochure.

(4) Sous la protection des Panonceaux. Lett. pat., av. 1411.

coexistent pour établir l'acte notarié et le revêtir d'exécution. Le notaire le dresse ; le tabellion en délivre la grosse ; le garde note le transcrit sur le protocole ou minutaire ; le garde-scel le revêt du sceau du roi. Mais la juridiction volontaire n'en reste pas moins et sans retour séparée de la juridiction contentieuse (1), et à chacun des morcellements que subit le monopole notarial, on voit la corporation des notaires au Châtelet, avec une persévérance et une énergie dont elle puise le sentiment dans son intérêt, mais qui profite à la perpétuité du caractère de l'institution notariale, racheter les offices qu'on cherche à ériger à côté des siens et établir définitivement son monopole dans les conditions où il subsiste encore aujourd'hui.

En effet, les lettres patentes du 6 juillet 1543 réunissent définitivement les offices des tabellions à ceux des notaires. Les offices de gardes-notes créés à la suite de l'ordonnance de Villers-Coterets (1539), qui prescrit la tenue exacte des minutaires, sont presque aussitôt supprimés que créés. Henri IV étend plus tard cette organisation à toute la France, et après lui, Louis XIV fixe définitivement le nombre de notaires de Paris (2). C'est la dernière modification que subit l'institution. Dès lors, le notariat se trouve constitué si fortement qu'après avoir un instant disparu dans la tourmente révolutionnaire, il est bientôt rétabli par le législateur de ventôse sur les mêmes bases qu'au XVIIe siècle.

En un mot, le notaire français nous apparaît définitivement dans cette dernière période comme le fonctionnaire « public établi pour recevoir tous les actes et contracts auxquels les parties doivent ou veulent faire donner le caractère d'authenticité attaché aux actes de l'autorité publique et qui a mission d'en assurer la date, d'en conserver le dépôt d'en délivrer des grosses et expéditions » (3).

Ce sont les propres termes dont se sert la loi du 25 ventôse an XI (16 mars 1803) en son article 1er. Ils semblent empruntés aux anciennes ordonnances et aux édits. Les dispositions qui suivent ont pour

---

(1) Les notaires gardes-scels subsistèrent seuls ; mais leurs attributions consistaient à donner à la signature notariale une simple légalisation.

(2) D'après quelques auteurs, ce serait même encore plus haut que saint Louis, que remonterait, dans notre histoire, la séparation de la juridiction contentieuse et de la juridiction volontaire. Ce serait à Charlemagne qu'il faudrait en attribuer l'honneur. (V. Loret, p. 15.) Charlemagne institua en effet des *judices calhularii*, qui semblent avoir été les magistrats des conventions des parties. Mais dans les siècles qui suivirent, cette institution fut certainement détruite, et bien que les formules de Marculfe contiennent les formes de plusieurs contrats usitées en France, il est constant que ce n'est que sous le règne de saint Louis que le notariat fut rétabli et surtout qu'il le fut aux mains de fonctionnaires distincts des juges. V. cependant sur les origines du notariat, le très curieux travail de M. Ganser, procureur général à Gand : *Journal du notariat* des 3, 7 et 9, février 1857.

En 1789, les notaires étaient encore notaires du Châtelet. La loi du 6 oct. 1791 abolit ce dernier lien du notariat avec la juridiction contentieuse.

(3) V. L. de 1791, sect. 2, art. 1er. En Italie, il y a quelque chose d'analogue ; mais l'art. 1er de la loi notariale nous paraît beaucoup moins bien rédigé que la disposition de la loi du 25 ventôse. Il est ainsi conçu : « Le notaire est le fonctionnaire institué pour donner l'authenticité, assurer la conservation et l'exécution des conventions et remplir les autres missions à lui confiées par la loi. »

En Suisse, le notaire garde la minute de ses actes ; mais, au bout d'un certain temps, les minutes, sont déposées aux archives publiques. (V. Rép. Quest., 5, p. 31.)

objet cette triple obligation. Sauf pour certains contrats, le ministère des notaires reste facultatif, les parties sont maîtresses d'y recourir ou non, maîtresses du choix de leur notaire. Mais une fois requis, le notaire doit instrumenter et il le doit de façon à satisfaire aux prescriptions de la loi.

§ IV. — Législations qui ont adopté le type français ou qui en dérivent.

Cette double origine qui concilie dans le même homme l'autorité qui se puise dans la délégation sociale et celle qu'on doit au choix individuel, et qui est si bien conforme à la mission notariale, ces triples attributions que conserve au notaire la loi de ventôse et qui sont en France depuis maintenant six siècles, le partage de cet officier public, ont passé de la législation française dans toutes les législations contemporaines qui, voulant s'assurer les avantages de la preuve authentique, ont institué un ministère spécial pour la conférer.

Les règles qui régissent l'authenticité et le notariat en France sont à bien peu de différences près en effet celles qui les régissent en Belgique (1), en Hollande, dans les provinces du Rhin, en Italie en Bavière (2), et même dans la Pologne russe.

Là, comme chez nous, le contrat notarié est le contrat authentique par excellence. Le notaire a seul droit de le dresser selon des formes qui diffèrent bien peu des nôtres. Il en assure l'exécution par l'apposition de la formule exécutoire. Il en délivre les expéditions. Il en conserve les minutes.

Là, comme en France, certains actes doivent être nécessairement notariés. En Belgique, en Hollande, en Italie, ces actes sont les mêmes qu'en France. On a reconnu que les contrats qui intéressaient plus particulièrement la société, comme ceux qui touchent à la constitution de la famille ou au crédit public à l'exemple de l'hypothèque devant être soumis à des formes authentiques. L'authenticité se change pour eux en une solennité qui est de leur essence. L'opinion même qui dans le sein de votre commission demande que les pouvoirs publics ne s'ingèrent plus dans la rédaction des conventions privées admet volontiers ces garanties exceptionnelle (3), pour les contrats où notre loi en prescrit l'observation.

En Suisse, une préoccupation analogue se trouve dans la plupart des législations locales. Tous les contrats qui ont pour objet la transmission de la propriété immobilère ou la constitution de droits réels sont soumis à la forme notariée. (Voir Rép. au Quest., page 31, Suisse, Quest. 3.)

En Bavière, on va même jusqu'à prescrire le contrôle et l'homo-

---

(1) V. Molineau, *Notariat en Belgique et en France* (1852).

(2) On peut ajouter ici à la Bavière l'Autriche. La chambre des Seigneurs vient de voter, à Vienne, une loi notariale qui est, à proprement parler, la loi de Bavière. (V. Jour. officiel, 6 avril 1870.)

La loi qui se prépare en Hongrie se rapprochera tout autant de la loi française que la loi bavaroise. (V. Rép. Quest., p. 28.)

En Algérie, la loi du 25 ventôse, à part quelques différences de détails, a été appliquée par l'arrêté du 30 décembre 1842. Aux Antilles, elle l'a été ultérieurement par le décret du 14 juin 1864. Ces différences ont été signalées pour l'Algérie dans la première partie de ce travail. (V. Rép. Quest., p. 43.)

(3) M. P. Jozon, p. 2.

logation du tribunal pour les actes qui ont trait aux hypothèques à la tutelle à la curatelle (V. Rép. Quest. page 13, obs. de M. Beker).

A côté de ces pays, il en est cependant d'autres comme la Prusse, la Suède, la Saxe, la Russie (1), Bade (2), qui comprenant l'utilité de la preuve authentique et ne voulant pas s'en tenir aux sous seings privés en usage en Angleterre, en Amérique, en Danemark, n'ont point organisé chez eux le notariat.

Ces pays sont généralement ceux où l'empire de la tradition aristocratique et féodale s'est maintenu si vivace, que l'idée d'un simple notaire tansformé par le seul choix des parties en un magistrat conférant aux actes pour lesquels on demande son ministère, la même authenticité et la même force d'exécution qu'aux jugements, n'a pu encore s'implanter.

Là, l'authenticité est organisée il est vrai, et il existe des actes notariés, mais on en est resté aux traditions de notre moyen âge pour les dresser. C'est au greffier du tribunal qui instrumente sous l'œil du juge qu'on les demande. Le grand progrès accompli par saint Louis, la séparation de la juridiction contentieuse et de la juridiction volontaire n'a pas été réalisé.

Les notaires n'ont qu'une position secondaire d'agents d'affaires, de rédacteurs d'actes qu'ils ne possèdent même pas à eux seuls. Ils la partagent avec des avocats, sorte d'agents d'affaires nommés par le gouvernement, et qui, dans les tribunaux où ils ont la ploidoirie n'ont rien du rôle si élevé que la loi française à imparti à nos barreaux. C'est au tribunal dont ils dépendent que les uns et les autres doivent aller demander de conférer l'authenticité et l'exécution aux actes qu'ils ont préparés. (Voir Rép. Quest. Prusse, Rép. Quest. 8, dage 22, Suède, Rép. Quest. 7, p. 12.)

Il en est ainsi du moins pour les actes importants ; car pour les actes qui le sont moins, les notaires ou avocats prussiens (3), instrumentent seuls en présence d'un autre notaire et de témoins. Les règles qui régissent leur ministère, leur mode d'instrumenter sont à peu près celles de la loi de ventôse (4), (voir Rép. Quest. 50 et page 22).

Ce concours des notaires et des avocats à la rédaction des actes ou plutôt cette confusion entre le rôle de deux professions qui n'ont de commun ailleurs que la mission de conseiller les parties semble commune à toute l'Allemagne du Nord.

Elle est surtout très-caractérisée à Hambourg.

Là, les actes reçus par les notaires et les avocats font foi, mais simplement quant à leur forme extérieure, nous dit notre correspondant, restriction dont nous n'avons pu bien nettement déterminer la portée.

L'avocat ou le notaire, dès qu'il reçoit les actes, est tenu d'en garder minute. (Voir Rép. Quest. 5, p. 20.)

---

(1) V. Demangeat, Dr. international privé, p. 417.

(2) A Bade, ce sont les réviseurs de bailliage ou greffiers qui reçoivent les actes notariés.

(3) En Russie, les notaires ou tabellions peuvent recevoir seuls les actes d'emprunt. Demangeat, Dr. intern. priv., p. 119.

(4) M. Demangeat enseigne cependant que les actes reçus par les notaire prussiens ne font pas foi jusqu'à preuve contraire. La preuve contraire serait admise contre et outre le contenu aux actes. Il en est autrement à Bade. (V. *ibid.*, p. 419.)

Telles sont à côté de notre notariat et des notariats similaires les établissements analogues qui avec des différences plus ou moins marquées en occupent la place dans les pays qui ne se rattachent pas directement au système français (1).

Après avoir épuisé les traits généraux de ces institutions et en avoir montré le parallèle, il ne nous reste plus qu'à en poursuivre la comparaison dans les règles de détails que les unes et les autres comportent.

Nous allons les examiner successivement à propos des questions de notre questionnaire formulées sous les numéros 9 et suivants, car nous étant expliqués sur le caractère et les effets de l'authenticité dans les diverses législations qu'embrassait notre information ainsi que sur le mode de réception des conventions authentiques dans les pays où elles sont en vigueur, et sur le caractère des autorités chargées de les dresser, d'assurer leur exécution et leur conservation, nous avons par cela même répondu aux huit premières questions.

Sur les règles secondaires de pratique et d'organisation notariale, la législation française se trouvant encore celle qui est la plus communément suivie, nous commencerons par rappeler la règle française qui est en réalité celle du type originaire pour signaler les modifications qu'elle a reçues dans les législations similaires, ainsi que les points sur lesquels les législations différentes de la Prusse, de la Suède (2) s'en rapprochent ou s'en éloignent.

§ V. — Application des règles qui précèdent aux détails de l'organisation notariale française.

Question 9. — Les notaires sont-ils obligés de prêter leur ministère, lorsqu'ils en sont requis? La réponse n'est pas douteuse, dans les pays où les attributions notariales sont organisées en monopole, les notaires sont tenus de déférer à la réquisition qui leur est adressée de prêter leur ministère. Il en est ainsi en Belgique. Rép. Quest., p. 15; en Hollande, Rép. Quest., p 18; en Suisse, Rép. Quest., p. 32 (3), sauf dans le canton de Bâle où le nombre des notaires n'est pas limité; en Italie, Rép. Quest., p. 40; et en Bavière où la loi énonce très-justement, cependant qu'en cas de violation de la loi ils doivent s'abstenir. C'est ainsi du reste qu'a toujours été interprété l'art. 3 de la loi de ventôse et qu'il a passé dans l'arrêté du 30 décembre 1842 sur l'Algérie (Rép., Quest., p. 44). Dans les cas douteux, la loi bavaroise et la loi prussienne autorisent le notaire à insérer des réserves dans son acte. Dans la pratique française c'est aussi ce qui a lieu; cependant la crainte d'engager sa responsabilité rend sous ce rapport le notaire français

---

(1) V. Molineau: *Du Notariat en Belgique et en France* (1852).

(2) La réunion aux mains du juge de la juridiction contentieuse et de la juridiction volontaire est tellement la forme primitive qu'aujourd'hui encore avant d'organiser le notariat dans les pays où s'implante l'administration française, on se borne à établir un juge qui cumule le contentieux et la réception des actes. (V. le décret du 22 septembre 1869, qui a organisé les tribunaux en Cochinchine.)

(3) V. sur l'avertissement du notaire aux parties un article de M. Becker. (*Journal du Notariat* du 25 octobre 1862.)

très-défiant. Il refuse parfois d'instrumenter ; ce sont alors les tribunaux qui ont à apprécier le mérite de sa résistance.

En Suisse, le notaire peut s'abstenir d'instrumenter les jours fériés, sauf en matière de testament. La loi française, on le sait, ne va point jusque-là.

En Prusse, à Hambourg (voir Rép:, pages 20 et 23) ; en Suède, en Danemark, le notaire est tenu de déférer à la réquisition des parties. On a peine à s'expliquer cette règle en Suède et dans la ville de Hambourg notamment où les notaires n'ont pas de monopole (voir Rép., Quest., p. 12). Dans cette dernière ville, en cas de refus ils encourent une amende (Rép., Quest., p. 25).

Question 10. — C'est le chef du pouvoir exécutif qui partout institue les magistrats, et qui en France, en Belgique, en Hollande, en Italie, en Bavière, en Prusse institue également les notaires. La mission de conférer l'authenticité est une charge publique. L'authenticité perdrait une partie de sa force si un simple citoyen, sans responsabilité, sans aptitude exceptionnelle, sans cette notoriété spéciale que donne à la signature de l'officier public le dépôt qui en est fait, le monopole des fonctions, la fixité de la résidence, l'investiture qu'il reçoit, avait aussi pouvoir de donner un pareil caractère à ses actes. Le droit de conférer l'exécution parée et de faire appel aux agents de l'autorité publique pour leur enjoindre de faire exécuter les contrats qui ont reçu l'authenticité est à plus forte raison une prérogative qui ne peut appartenir qu'à une autorité reconnue. Partout en conséquence où les notaires ont un caractère public, ils sont des fonctionnaires institués par le gouvernement et lui prêtent serment (voir Rép., Quest., p. 25).

En Suisse, ils sont nommés dans chaque canton par le conseil exécutif.

En Suède, où leurs fonctions se confondent avec celle des greffiers, ils sont nommés par les magistrats. En Prusse il paraît, qu'il en est de même. A Hambourg, ils sont agréés plutôt que nommés par la Cour supérieure (Rép. Quest., p. 21).

En France et en Belgique, en Italie, en Suisse, les fonctions notariales sont incompatibles avec toute autre profession, et ne peuvent être exercées que par des nationaux ayant la jouissance de leurs droits civils.

En Prusse, à Hambourg, le ministère des notaires se confond avec celui des avocats.

En Suède, ce n'est qu'exceptionnellement qu'on a recours aux tribunaux pour la réception de certaines conventions ; les notaires sont les rédacteurs habituels de la plupart des actes. Ils s'entourent même de témoins pour les dresser ; mais, n'ayant pas de caractère public, ils ne donnent pas à proprement parler l'authenticité (voir Rép., Quest., p. 11 et 12, n°s 2 et suiv.).

Question 11. — En France, dans le ressort de chaque Cour, de chaque tribunal de première instance ou de paix, il y a un certain nombre de notaires qui, suivant que leur résidence a été fixée par le gouvernement dans la ville où siége la Cour, le tribunal ou le juge de paix sont notaires de première, de deuxième ou de troisième classe, et ont le droit d'instrumenter dans le ressort de la Cour, du tribunal, ou de la justice de paix. Cette disposition repose sur cette idée que la notoriété de la signature augmentant en raison de l'importance de la résidence, la compétence de l'officier qui y est attaché peut augmenter dans une égale proportion. Cette règle n'est-elle pas une conséquence un peu forcée des principes sur lesquels on a constitué chez nous l'autorité de la preuve ?

En Hollande et en Belgique, si nous ne nous trompons, on l'a jugée surabondante, bien qu'on ne puisse contester qu'elle ait sa valeur. En conséquence, tous les notaires sont de même classe et ont pour ressort le ressort du Tribunal de leur arrondissement, quel que soit le lieu que le gouvernement leur ait fixé pour leur résidence dans l'arrondissement (Rép. Quest., p. 18).

Il paraît en être de même en Italie (voir Rép. Quest., p. 40), en Bavière (voir Rép. Quest., p. 25), en Prusse (voir Rép. Quest., p. 22), où les notaires ont une résidence fixe, sans être séparés par aucune division de classe.

Il en est de même en Suisse; les notaires de chaque canton ont compétence dans toute l'étendue du canton (voir Rép. Quest., p. 34), et les actes passés dans un canton conservent leur force dans les autres parties de la confédération.

En Danemark, les fonctions de notaires qui consistent, on l'a vu, uniquement à légaliser la signature des actes sous seing privé et dans la réception des testaments sont exercées par le greffier. A Copenhague, il y a un notaire institué en dehors du Tribunal (Rép. Quest., p. 9).

En Suède, bien que le notariat ne soit pas reconnu, dans certaines villes les tribunaux instituent des notaires.

Question 12. — D'après les articles 36 et suivants de la loi du 25 ventôse an XI, on ne peut être nommé notaire qu'à la condition d'établir son aptitude par la justification d'un certain temps de stage qui doit être en général de six années.

Ce temps peut être réduit en faveur des aspirants qui ont fait leur cléricature dans une étude de classe supérieure et qui sollicitent leur nomination dans une classe inférieure ou qui justifient d'un certain exercice comme avocats ou avoués.

Le gouvernement peut accorder des dispenses de stage aux anciens fonctionnaires. Mais le stage lui-même ou tout cas reconnu d'exemption de stage, ne dispense jamais le candidat notaire de subir devant ses futurs confrères un examen de capacité, tandis qu'il est procédé à une information spéciale sur sa moralité. Le certificat de moralité et de capacité délivré par la Chambre n'est qu'un avis. Le parquet en le transmettant au ministère l'apprécie, ce qui l'oblige à faire à son tour une enquête sur le candidat (1).

En Belgique (Rép. Quest., p. 17), en Hollande où la loi de ventôse est en vigueur, le système et les conditions d'admission aux offices de notaires sont les mêmes qu'en France.

En Bavière (Rép. Quest., p. 25), en Italie (Pierantoni, *Revue internationale*, p. 13 et 14), en Suisse (Rép. Quest., p. 33), à Hambourg même, pour être apte aux fonctions de notaire, il faut également justifier d'une éducation professionnelle. Il y a encore comme dans la loi française des dispenses au profit des avocats et des individus qui ont exercé certaines fonctions.

La durée du stage varie de quatre à un an. Nulle part il n'est aussi long qu'en France, et aussi peu prolongé qu'à Hambourg, où il n'est que d'une année.

Nulle part la justification de l'éducation proportionnelle ne dis-

---

(1) Le stage en Algérie et dans les colonies est de 5 ans (V. Rép., Quest., p. 45).

pense de l'examen devant les pairs. La nouvelle loi italienne organise seulement au profit du candidat, au lieu et place du second
degré d'instruction de nos parquets, une sorte de recours devant
le Tribunal de l'examen qu'il a subi devant la Chambre.

En Bavière, la justification de l'étude du droit est exigé en dehors
des preuves du stage. En Italie, la question de l'établissement
d'écoles de notariat est encore à l'étude. Elles y ont existé autrefois et ont attiré un grand nombre d'élèves. L'école de Rolandino (1)
à Bologne, où l'on enseignait *l'ars notaria*, a eu au XIIᵉ siècle une
grande célébrité. M. P. Jozon voudrait que des établissements semblables fussent fondés en France. Le nouvel enseignement professionnel organisé récemment, par l'Université française devrait ce
semble s'ouvrir à l'enseignement professionnel notarial au moins
pour préparer les candidats aux études rurales.

En Danemark les aspirants aux fonctions de greffiers ou de notaires doivent avoir suivi les mêmes cours et suivi les mêmes examens que le juge.

Partout comme en France il y a un âge au-dessous duquel on
ne peut être nommé notaire. Des fonctions aussi délicates empor-
tant une pareille responsabilité exigent une certaine maturité.
Presque partout l'âge légal est comme en France de vingt-cinq
ans.

En Italie, il résulte du travail déjà cité de M. Pierantoni que l'age
légal est de vingt-quatre ans.

La loi italienne réserve à la Cour et aux colléges de notaires le
droit de décerner des dispenses d'âge, exception que la loi française
n'admet pas.

En Bavière (Rép. Quest., p. 25), les notaires sont institués à vie
par le roi qui les choisit parmi les jeunes gens qui justifient des
conditions légales d'aptitude.

En Suisse ils le sont par le conseil d'Etat (voir Rép., Quest. p. 12).

En Belgique, en Italie (V. Pierantoni, p. 14 et 15), les notaires
sont nommés par le roi, sur une liste de candidats dressée à la
suite d'un examen spécial et indépendant de celui dont il vient d'être
parlé, et qui est subi devant une commission judiciaire formée *ad
hoc* et dont la composition a été réglée par l'arrêté du 10 août
1849 (V. Rép. Quest., p. 15), et est indiquée pour l'Italie. Trav. de
M. Pierantoni, p. 15.

La destitution, la suspension prononcée par jugement contre le
notaire indigne paraissent être partout la seule exception admise à
l'inamovibilité du notaire résultant de son institution à vie.

Au sujet du recrutement du corps notarial, M. P. Jozon pense que
la commission établie dans ces deux pays pour y décerner les brevets de candidats notaires devrait avoir également le droit de les
instituer. On trouvera dans l'exposé des motifs de la loi de ventôse sur les inconvénients de la nomination au concours qui a été
le système de la loi de 1791 en France des objections utiles du
moins à étudier.

Le concours créait des droits auxquels on ne pouvait donner satisfaction. L'instruction professionnelle n'y gagnait pas, car les candidats une fois admis étaient portés à attendre dans l'insouciance
que le gouvernement les pourvût d'une étude.

Sous l'empire de la législation actuelle en France, cette formalité
d'un concours s'ajoutant à l'examen devant la Chambre organisée,

---

(1) V. Savigny: *Hist. du Droit*, t. III.

par la loi du 25 ventôse, et devenant le préliminaire de la nomination impériale, n'existe pas. Le droit de présentation y est en effet encore en pleine vigueur. C'est l'exercice de ce droit combiné avec l'examen devant la Chambre, qui assure le recrutement des charges.

On entend par droit de présentation la faculté qui est accordée aux notaires en exercice de désigner au chef du gouvernement le candidat qu'ils veulent avoir pour successeur, faculté qui ne peut cependant s'exercer qu'à l'égard de candidats remplissant les conditions voulues par la loi et ayant satisfait aux épreuves qu'elle impose. Le droit pour les personnes investies des ministères monopolisés de l'organisation judiciaire de se choisir leurs successeurs date de 1816. Il a eu pour cause la nécessité où l'Etat s'est trouvé à cette époque de faire face aux charges énormes de l'invasion et fut accordé à tous ceux qui étant assujettis à verser un cautionnement consentirent à l'augmenter immmédiatement. Le cas de destitution était réservé. (L. du 28 avril 1816. Budget de 1817.)

Cette loi devint la source du droit aujourd'hui reconnu aux notaires en exercice, et à tous les fonctionnaires qui leur furent assimilés, de traiter de leur démission moyennant argent. Depuis lors les titulaires ne présentent en effet pour leurs successeurs que les candidats qui consentent à leur donner un prix qui soit l'équivalent des revenus de leur étude et du prix que leur a coûté son acquisition.

Le gouvernement se réserve d'ailleurs de réduire le prix stipulé dans les traités s'il n'est pas en rapport avec les produits des offices vendus (1). La chancellerie française (administration de la justice) a une sorte de tarif pour évaluer le prix des traités. Ce prix doit être tel qu'il assure au successeur la rémunération de son travail, de sa responsabilité et du capital qu'il engage. Il importe en effet grandement à l'ordre public que les officiers publics et surtout les notaires ne prennent pas en entrant en charge des engagements trop onéreux, car ils chercheraient alors des produits illicites. Le gouvernement a du reste un moyen fort simple de faire accepter son contrôle dans les traités. La loi de 1816 n'a en rien dérogé au droit qu'il tient de l'art. 45 de la loi de ventôse de nommer les notaires. Avant d'accepter pour une étude le titulaire qu'on lui présente, il exige donc qu'on lui déclare le prix de la cession. Les parquets, la chambre elle-même informent sur ce point et donnent leur avis sur le prix du traité comme sur la capacité et la moralité du candidat, et si les conditions du traité sont jugées inacceptables il n'est pas passé outre à la nomination.

La transmission des charges n'est en conséquence pas à proprement parler dans le commerce. Et il résulte de la coexistence du droit de présentation à côté de la prérogative gouvernementale, que l'administration est partie dans tout traité, et que toute cession est nécessairement conditionnelle tant qu'elle n'a pas été ratifiée par la chancellerie.

Aucune des législations qui sont l'objet de la présente étude ne contient un principe analogue à celui qu'a consacré en France la loi de 1816.

Toutefois, comme il est de l'essence de la juridiction volontaire que le notaire soit investi de l'exercice de ses pouvoirs par le libre

______

(1) V. Traité de M. Groffier, conseiller à la Cour de cassation, vice-président de notre société, sur les transmissions d'office.

choix des parties, partout où le notariat est organisé d'après les principes de cette juridiction, on a voulu que le nombre des études notariales fût assez considérable pour qu'une concurrence véritable s'établît entre elles. Les parties qui veulent passer un acte doivent toujours avoir le choix entre deux notaires au moins. Il en résulte que tout aspirant qui veut se faire nommer a intérêt à entrer dans une étude achalandée. Aussi dans un certain nombre de pays, si l'on ne traite pas des études comme en France, on vend les clientèles qui y sont attachées.

Il en est ainsi à Genève. Les clientèles s'y transmettent à prix d'argent, ou bien l'on associe pour les exploiter (V. *Rép. au Quest.*, page 34). Il paraît en être de même en Italie (1).

Il en est ainsi à plus forte raison dans les pays où les notaires ne sont que de simples intermédiaires plus ou moins accrédités comme en Angleterre (2) ou en Amérique.

Là, les agences, offices ou cabinets pour la rédaction des actes sont absolument dans le commerce. Il est à remarquer d'ailleurs qu'en France, même avant la loi de 1816, les démissions des officiers publics en excercice n'avaient pas cessé dans le plus grand nombre des cas d'être l'objet de conventions pécuniaires.

L'Exposé des motifs de Réal sur la loi de ventôse reconnaissait que la clientèle attachée à une étude était en définitive le fruit du travail, et qu'à ce titre elle constituait une propriété. Et en conséquence sans aller jusqu'à consacrer expressément au profit des officiers publics le droit de céder leur clientèle et de présenter leurs successeurs, le projet de loi déclarait cependant qu'on ne défendait rien, parce que le législateur n'entendait rien prohiber (3).

Le principe de vénalité que la loi de 1816 a introduit dans l'organisation notariale a été l'objet de bien des critiques qui ont eu leur écho dans votre commission. Les uns n'y ont vu qu'un abus intolérable qui porte atteinte au grand principe de l'égale admissibilité des citoyens aux emplois publics. Les autres l'ont représenté comme une garantie contre l'ingérence du gouvernement dans la nomination de fonctionnaires qui doivent avant tout inspirer confiance aux parties. Ils ont fait ressortir ses avantages. La vénalité est notamment une condition d'ordre et de moralité pour les intérêts si graves remis aux notaires. Elle accroît chez eux le sentiment de la responsabilité. Elle sollicite leur zèle, leur esprit d'ordre et d'économie (4). L'homme qui a son patrimoine engagé dans sa charge craint de le compromettre en manquant à ses devoirs. Il s'efforce de le faire fructifier. Le prix de l'office est le véritable cautionnement imposé aux notaires. Mais, si ce prix n'est point payé, n'est-il pas à craindre d'un autre côté que celui qui le doit ne pressure ses clients pour hâter sa libération, ou qu'il ne tente des spéculations hasardeuses pour devenir plus tôt seul propriétaire de son titre ?

Grave problème qui se compliquerait encore, si l'on voulait supprimer toute vénalité, de la nécessité absolue d'indemniser les titu-

---

(1) V. Theureau. Etude sur l'abolition des offices. *Journal des Economistes*, p. 380 ; 1868.

(2) V. de Franqueville, *Institut* de l'Angleterre, p. 213.

(3) V. Exposé des motifs de Réal.

(4) V. ce qui est dit sur l'Algérie. (Rep. Quest., p. 46.) La vénalité des charges existe du reste dans les autres colonies.

laires actuels, et de la difficulté de trouver des ressources pour faire face, sans charges nouvelles pour le contribuable ou pour le budget, à une expropriation, qui, d'après les calculs les plus modérés, ne coûterait pas moins d'un milliard (1).

L'absence du principe français dans la plupart des législations étrangères a enlevé nécessairement à ce point de notre étude une grande partie de son intérêt. Les unes et les autres nous ont montré le principe de propriété et par cela même de vénalité inhérent aux clientèles, presque partout où les clientèles existent, soit que le notaire y soit institué comme fonctionnaire assujetti à la concurrence, soit qu'on ne l'y rencontre qu'à l'état de simple intermédiaire. Mais, là où le droit de propriété existe sur la clientèle, si le notaire est un intermédiaire comme en Angleterre, on ne songe pas à lui contester le droit de vendre son cabinet, et s'il est un fonctionnaire comme en Suisse, comme en Italie, les stipulations de prix relatives aux études ne se font pas ouvertement, et en conséquence elles ne sont pas légales.

La comparaison des textes n'était donc susceptible de rien nous apprendre ni sur les moyens qu'on pouvait employer pour extirper de notre législation le principe de la loi de 1816, ni sur les mesures à prendre pour en empêcher le retour, si on arrivait jamais à le supprimer, ni enfin sur les voies à trouver pour effectuer cette suppression sans blesser aucun des intérêts engagés.

Question 15. — Les règles tracées par les art. 11 à 16 de la loi du 25 ventôse an XI, sur la certification de l'identité des parties comparantes dans les actes et leur capacité (2), sur la forme des actes, l'énonciation des noms des parties et des notaires ou des témoins, celles du lieu et de la date, l'apposition des signatures, la prohibition de tout blanc, de toute surcharge, de toute rature, addition, interligne, la forme des renvois et paraphes, sont trop sages et trop bien combinées pour ne pas avoir été reproduites dans toutes les législations. De la loi française elles sont nécessairement passées dans les lois qui se sont modelées sur elle. On les trouve dans la loi prussienne, et on a vu que l'usage anglais pour les actes sous seings privés était presque aussi rigoureux.

Les règles françaises ont pour sanctions des nullités et des amendes qui sont également prononcées par les législations similaires.

Le notaire français dresse d'abord en minute l'acte qu'il fait signer aux parties. Cette minute, qui est, à proprement parler, l'original de l'acte, et qui est écrite en petits caractères (minute), est destinée à être conservée dans chaque étude sous la responsabilité du titulaire. Une telle disposition explique et confirme le principe du Code Napoléon, qui attribue à l'original d'un acte une force probante plus grande qu'à ses copies. (V. C. N., 1334 et suiv.)

S'il s'agit d'un titre susceptible de recevoir exécution, la première expédition qui en est dressée, l'est en gros caractères. Le notaire après l'avoir dressée la fait suivre de la formule d'exécution

---

(1) V. le chiffre exact des titulaires d'offices par le chiffre exact des cautionnements d'offices publics dont les Caisses d'amortissements doit compte, dans le compte rendu du ministre des finances.

(2) La disposition de l'art. 18 sur l'exposition des tableaux d'interdits ne nous paraît pas avoir été reproduite par les législations similaires.

des jugements, en ayant soin de mentionner sur la minute l'usage qu'il a fait de son droit de délégataire de la puissance publique.

Les subséquentes expéditions qui peuvent lui être demandées ne sont plus susceptibles de recevoir le mandement d'exécution. Ce sont de simples copies qui sont dressées, signées et certifiées conformes par le notaire au fur et à mesure des besoins des parties.

Les expéditions doivent être légalisées pour avoir effet en dehors du ressort où la signature du notaire est déposée. C'est une précaution qu'explique la nécessité d'établir le caractère de vérité absolue de la signature du notaire si essentielle à son autorité.

Les minutes sont conservées dans l'étude du notaire qui doit en tenir des répertoires, et qui ne doit jamais ni s'en dessaisir ni les communiquer qu'aux parties intéressées. Une quantité de dispositions spéciales prescrit dans la loi française les précautions à prendre pour la transmission des minutes, leur conservation en cas de vacance du titre ou de l'absence du titulaire. Ces mêmes dispositions prescrivent la tenue de répertoires ou tables qui facilitent les compulsoires ou recherches ultérieures au milieu des dépôts en même temps qu'ils ont l'avantage d'assurer la représentation de chacune des minutes prises en charge par le titulaire de l'étude.

Toutes ces règles de la loi de ventôse, à l'exception de celles qui concernent la légalisation, nous ont été empruntées par les législations belge (*Rép. au Quest.*, page 15), hollandaise (*Rép. au Quest.*, page 14), suisse (*Rép. au Quest.*, page 34), italienne (trav. de M. Pierantoni, n° 18), bavaroise et même prussienne (*Rép. au Quest.* 22, 23).

Cependant en ce qui concerne les minutes, M. A. Jozon a fait observer avec juste raison que leur conservation n'est pas partout aussi régulièrement organisée qu'en France. Il n'y a à proprement parler à l'étranger que les actes constitutifs de droits réels qui doivent être gardés en minutes. Ce ne sont pas, on le conçoit, les pays où la loi de ventôse elle-même est encore en vigueur qui y ont apporté ce tempérament, mais ceux où elle a dû s'adapter à des lois et à des traditions différentes des nôtres, comme en Suisse V. *Rép. au Quest.*). En Bavière, la loi contient au contraire sur ce point des dispositions pleines de prévoyance et qui se rapprochent beaucoup des nôtres.

En Suisse, au bout d'un certain temps les minutes doivent être versées aux archives publiques. C'est là une règle qui peut être préjudiciable au secret des familles et même parfois à leur intérêt bien entendu pour les recherches qu'elles peuvent avoir à y faire (1).

La loi française, pour donner plus de crédit à l'affirmation du notaire, lui a prescrit l'observation de deux formalités matérielles dont nous avons déjà dit un mot, le dépôt de sa signature au greffe du Tribunal civil du ressort (2), la confection d'un timbre ou cachet portant son immatricule en exergue, et qu'il doit imprimer à côté de sa signature partout où il l'appose. Le dépôt au greffe permet aux tiers qui habitent le ressort de vérifier la signature des actes notariés qu'on

---

(1) V. sur certaines mesures particulières autorisées pour l'Algérie. (Rép. Quest. p. 45 et 5.)

(2) On a encore étendu récemment cette formalité. On le décide ainsi depuis la loi du 3 avril 1861, qui autorise chaque juge de paix à légaliser les signatures des notaires de son ressort. Ces notaires doivent déposer leurs signatures à son greffe.

leur oppose. Elle a fourni le moyen d'imposer au juge l'obligation de la légaliser chaque fois que l'acte doit être produit au dehors. La légalisation, le sceau à côté de la signature sont autant de moyens matériels de fortifier le témoignage du notaire en augmentant par la comparaison l'évidence qui s'attache à lui.

Les législations étrangères paraissent sous ce rapport avoir eu moins de souci que la nôtre du logique enchaînement des faits qui peuvent établir l'évidence légale. Les pays qui ont adopté purement et simplement la loi de ventôse n'y ont sans doute pas fait exception sur ces deux points, mais partout où on nous a emprunté ses principes pour les faire passer dans un texte nouveau on n'a pas compris ce qu'il y avait de profondément sage dans l'ensemble de prescriptions qu'elle avait édictées pour garantir l'authenticité notariale, et on en a omis une partie au détriment assurément des intérêts qu'elle sauvegardait. En Bavière cependant, le notaire est astreint à déposer sa signature (V. *Rép. au Quest.*, page 25), mais la réponse faite à notre questionnaire ne nous dit rien de la formalité du sceau.

Ce qui vient d'être dit du dépôt de la signature, de l'apposition du cachet, explique pourquoi le notaire ne peut instrumenter qu'assisté de témoins ou d'un de ses collègues. Quand on songe à l'autorité énorme dévolue à ce simple fonctionnaire qui instrumente dans son étude au sein de populations souvent peu éclairées et dont les assertions trouvent en elles-mêmes la même autorité que celle d'un tribunal tout entier prononçant contradictoirement, ou du pouvoir législatif légiférant, on ne s'étonne plus que toutes les garanties, quelque faibles qu'elles soient, qui peuvent garantir la publicité d'un tel ministère et assurer sa publicité aient été accumulées. Le contrôle d'un second notaire ou de deux témoins domiciliés et responsables n'eût-il que la valeur d'une légalisation à l'encontre de la signature du notaire en premier, aurait encore sa portée ? Les législations qu'on peut dire calquées sur la nôtre l'ont quant à elles fort bien compris, car aucune parmi elles n'a apporté sur ce point d'exception à la loi française. Nous ajouterons qu'en Danemark même, où, on le sait, le témoignage notarial n'a pas les mêmes effets qu'en France, la signature du notaire n'a toute la force qui lui est impartie que si elle s'appuie sur celle d'un collègue ou de témoins. (V. *Rép. au quest.*, page 10).

M. A. Jozon ne voit dans la règle de l'assistance du second notaire ou des témoins qu'une entrave inutile à l'exercice notarial. Il nous est impossible quant à nous de partager cette opinion. Elle ne tendrait à rien moins qu'à ébranler tout le système des faits sur lequel repose la force de l'authenticité notariale. Cette force est due uniquement à l'appui que se prêtent mutuellement au profit de la même démonstration un certain nombre de faits matériels qui s'enchaînent et se démontrent l'un l'autre. La signature d'un second notaire également connue et déposée, celle de témoins domiciliés, s'unissant aux autres formalités que nous avons déjà décrites, forment un ensemble de garanties contre la fraude, et par cela même impriment à l'acte cette énergie qui lui vaut provision partout où on le produit. Sacrifier ces règles ne serait-ce pas donner à la seule intervention du notaire une autorité que son caractère, que sa responsabilité d'officier public même ne comportent pas à un si haut point, et qui risquera de s'affaiblir si l'on veut essayer sous ce rapport une simplification imprudente ? S'il en fallait une preuve nous dirions que dans certains pays comme la Prusse, on n'a jusqu'ici tant résisté à l'idée de séparer la juridiction volontaire de la juridiction contentieuse, que par cette considération que le ministère d'un simple notaire n'est pas suffisant pour créer au profit de ses actes les présomptions dont nous l'entourons ! Que ne dirait-on pas s'il instrumentait seul ? La pratique a sur ce point conquis toutes les facilités qui lui étaient dues. La loi du 21 juin 1843 a réduit pour les actes les plus habituels l'assistance du second notaire ou des témoins à une simple légalisation. Elle veut qu'elle soit plus effective pour les autres. Il y aurait danger à énerver encore la rigueur des formes.

Question 16. — Les règles tracées par les art. 8 et 10 de la loi de ventôse qui veulent, à peine de nullité, que le témoignage du notaire soit impartial se rattachent encore intimement au mode de constitution de la preuve. Elles l'intéressent trop directement pour qu'elles n'aient pas été imitées partout.

Aussi les retrouve-t-on même dans les législations qui ne se sont pas formé une idée définie de l'authenticité. C'est en effet un axiôme que nul ne peut être témoin dans sa propre cause. Nul ne peut se créer un titre à soi-même. La présomption de foi qui s'attache au témoignage du notaire cesse en conséquence lorsqu'il reçoit un acte où son propre intérêt ou celui de ses parents est engagé (V. Trav. de M. Pierantoni, page 17).

Questions 17 et 18. — Partout où le notariat est organisé, le notaire est responsable de l'observation des formalités qui sont constitutives de l'authenticité qu'il a mission et seul pouvoir de conférer, et des obligations que lui impose le dépôt dont il est chargé.

Comme dépositaire des minutes, comme gardien des secrets des familles, il est en effet tenu à la fois à représenter aux intéressés les actes qui les concernent et obligé à un rigoureux secret professionnel. C'est la conséquence de son monopole.

Ces obligations diverses ont pour première sanction une responsabilité pécuniaire. Le notaire est responsable des nullités et des amendes qui sont attachées à l'inobservation de ces diverses règles professionnelles. Les notaires des autres pays sont régis par des règles semblables. A Hambourg où le notariat n'est pas à proprement parler organisé, elles n'existent pas ; mais le notaire est responsable dans les termes du droit commun. C'est au reste ce qui arrive en France ; quand le notaire n'est pas responsable comme officier public, il reste alors à se demander si par son fait il n'a pas causé à autrui un dommage dont il doit réparation.

La responsabilité pécuniaire des notaires a pour garantie un cautionnement dit fonds de responsabilité qui est affecté par privilège aux faits de charge, et dont le chiffre varie suivant l'importance des études (V. loi de ventôse, art. 34 modifié, loi de ventôse an XIII, la loi du 28 avril 1816, art. 35 et suiv., et le tableau annexé (1). On n'entend par faits de charge que les faits qui résultent pour le notaire de l'inobservation de ses devoirs comme notaire, dans les cas où les parties requièrent son ministère. Le simple fait de l'homme qui peut se trouver chez le notaire à côté de l'erreur professionnelle ne constitue pas un fait de charge.

Les notaires étrangers sont presque tous, comme les notaires

---

(1) Sur le taux du cautionnement en Algérie et dans les colonies, V. l'arrêté et le décret d'organisation.

français, assujettis au versement d'un cautionnement affecté sans doute du même privilége.

On ne s'en demande pas moins quelle est l'utilité bien réelle des cautionnements. Le moindre des faits de charge suffirait le plus souvent à absorber le plus élevé des cautionnements.

En France les cautionnements cachent un emprunt de l'État. Ils font partie de la dette flottante, et ont été manifestement créés sous la Révolution, puis deux fois augmentés au commencement de l'Empire et à sa chute pour subvenir aux besoins du Trésor. Il est vraisemblable qu'en Italie il en est de même.

La Bavière, sous ce rapport, a admis un principe plus rationnel. Le cautionnement y semble remplacé par la constitution d'une caution qui est probablement illimitée (V. *Rep. Quest.*, page 26).

Là aussi l'État, il faut l'ajouter, est responsable des erreurs du tribunal quand les magistrats interviennent pour compléter le ministère du notaire.

En Belgique le cautionnement a été purement et simplement aboli en 1816 (V. *Rep. Quest.*, page 15).(1) On en réclame le rétablissement aujourd'hui. V. Rép. au Quest. p. 17.

La responsabilité professionnelle à défaut du fonds de responsabilité engage partout la fortune du notaire. Elle n'exclut nulle part la responsabilité de droit commun qu'elle renforce, s'il est permis de s'exprimer ainsi, mais qu'elle n'annule jamais au cas de délit ou de quasi-délit.

En dehors de la responsabilité pécuniaire, le notariat français est soumis à une triple responsabilité pénale, conséquence des obligations spéciales qui lui compètent.

Comme fonctionnaire le notaire est assujetti à des peines plus graves pour les crimes et délits commis dans l'exercice de ses fonctions (V. notamment, C. pén. 155 et suiv.).

Comme notaire il doit observer des règles particulières à sa profession qui sont tracées dans l'ordonnance du 4 janvier 1843 et qui ont pour objet de lui rappeler que son ministère est incompatible avec toute opération commerciale ou industrielle.

Il est en outre soumis à des règles d'honneur et de délicatesse dont les usages et les traditions des compagnies lui apprennent les préceptes.

A ce titre, il est soumis à la double surveillance du parquet et de sa chambre, et peut être puni de peines dites de haute discipline, qui sont la destitution et la suspension (2), ou de peines de discipline simple, qui sont la censure, l'avertissement appliquées par la chambre.

Enfin, comme nous venons de le voir, il est passible d'amendes pour toutes les contraventions matérielles aux prescriptions des articles 12 et suivants de la loi de ventôse que ses actes présentent. Il est, sous ce rapport, soumis aux vérifications des employés de l'enregistrement.

Les renseignements qui nous ont été fournis sur les législations étrangères sont absolument muets à ces divers points de vue.

---

(1) Arrêté du prince souverain du 19 juin 1816. Molineau : *Notariat en Belgique*, p. 33.

(2) L'ancien notaire destitué peut se faire réhabiliter depuis la loi du 19 mai 1864. Il redeviendrait sans doute apte à être nommé sauf cependant l'approbation du gouvernement.

Question 19. — En France les dispositions de l'art. 51 de la loi de ventôse prescrivent le règlement amiable des honoraires du notaire. En cas de dissentiment le tribunal doit taxer après avoir pris l'avis de la chambre.

Cette disposition, on le voit, est exclusive de toute tarification ; et, malgré le décret de 1807 qui a fixé depuis le prix de certains actes dont les émoluments se calculent par vacations, la règle qui est encore généralement observée est celle de l'honoraire proportionnel suivant la nature des actes, la difficulté de leur rédaction, la responsabilité qu'ils comportent.

Toutes les tentatives de tarifications ont échoué.

La législation a-t-elle dit son dernier mot sur ce point ? N'est-il pas possible de soustraire les parties aux exigences parfois exagérées des notaires, les notaires à la rigueur de taxes souvent excessives par l'intervention d'un tarif ?

Les lois belges et la plupart des autres législations l'ont pensé, mais il importe de noter qu'en Belgique on n'a fait aucune difficulté d'admettre comme base du tarif, la proportionnalité de l'honoraire, Il semble en être de même en Bavière et en Italie.

La loi bavaroise admet aussi les frais de voyage. Certains actes y restent rémunérés par vacations. (V. *Rép. quest.*, page 27).

Questions 20, 21, 22. — Partout comme en France les notaires sont organisés en corporations s'administrant elles-mêmes, ayant une discipline qui leur est propre, une bourse commune, en un mot une sorte d'autonomie (1).

Rien n'est plus propre qu'une pareille institution à développer le sentiment du devoir professionnel, et à en entretenir l'observation si intimement unie partout à l'esprit de corps et de solidarité confraternelle.

Les corporations élisent une chambre qui les représente et à laquelle elles remettent tous leurs pouvoirs, soit de discipline intérieure, soit d'administration. Les chambres sont à la fois une commission administrative qui représente la compagnie dans ses intérêts collectifs et gère ses affaires, et un tribunal de conciliation qui prévient les difficultés entre confrères, et condamne certaines fautes légères.

Le pouvoir qui appartient à la chambre est plutôt préventif que répressif. Elle admoneste, elle ne punit pas ; c'est à ce titre surtout qu'elle exerce une influence salutaire, en empêchant que l'abus ne dégénère en faute, et que la faute ne se change en crime. Quelque bienfaisante, quelque ancienne qu'elle soit dans le notariat, la juridiction des Pairs a excité quelque critique.

M. A. Jozon voudrait qu'elle n'eût jamais le droit de statuer, et qu'elle n'émît que des avis. C'est aussi ce qui a lieu pour les faits de haute discipline, et pour l'admission à l'exercice notarial.

Faut-il aller plus loin et pour les plus simples manquements professionnels exiger l'intervention du tribunal ? La majorité de la commission ne l'a pas cru. Il serait à craindre qu'en mêlant à chaque instant le pouvoir judiciaire au pouvoir disciplinaire on n'altérât la libre initiative de ce dernier et qu'on ne changeât surtout

---

(1) Il en est cependant autrement en Algérie et dans les colonies, et l'état du notariat dans nos possessions françaises prouve assez la supériorité de la loi de ventôse. La discipline coloniale est exercée par le procureur-général.

l'esprit de la règle intérieure. Les traditions, les sentiments de confraternité le constituent tout entier. Les tribunaux sont-ils bien placés pour l'apprécier sainement? On croit que la libre défense des inculpés y gagnerait. On se trompe. Les chambres jugent secrètement mais contradictoirement, et bien que leurs décisions soient souveraines en fait, elles n'en sont pas moins soumises à la censure de la Cour de cassation pour oubli des formes, et n'ont en somme rien à envier aux garanties des juridictions de droit commun. L'intervention du juge et du parquet dans la discipline intérieure, en exagérant l'importance de l'action disciplinaire, n'aurait donc qu'un effet, ce serait de la rendre plus rare, si elle ne la rendait vexatoire, et de lui enlever par cela même sa rigoureuse susceptibilité.

Les législations étrangères ne nous fournissent du reste, sous le rapport de la juridiction intérieure, rien d'intéressant à étudier. La Belgique, la Hollande ont encore le système français établi par l'arrêté de nivôse an XII et qu'a plus tard étendu l'ordonnance du 4 janvier 1843.

La nouvelle loi italienne, beaucoup plus récente, semble par contre s'être inspirée de ce dernier texte.

Quant à la Bavière, elle n'accorde aux chambres aucune juridiction propre. Cette juridiction est exercée par les tribunaux.

Partout où les chambres sont établies sur le système français, elles ont le droit d'arrêter des règlements. Mais ces règlements n'ont force exécutoire qu'à la condition d'être sanctionnés par l'autorité gouvernementale.

Question 23. — En France, en Belgique, en Bavière, et partout où l'enregistrement est organisé, les notaires sont de véritables auxiliaires pour le recouvrement de l'impôt.

Ils en font personnellement l'avance et en sont responsables.

M. A. Jozon a fait à ce sujet justement observer que les parties devraient être tenues de faire l'avance aux notaires du montant des droits dus sur leurs actes et il sollicite l'introduction dans la loi d'une disposition spéciale à cet effet.

En France les agents de l'enregistrement qui se font communiquer les actes pour opérer les perceptions auxquelles ils donnent lieu, y relèvent en outre les contraventions qui peuvent autoriser la perception des amendes, autre source de revenus pour le Trésor.

Cette vérification du fisc qui porte sur la forme de l'acte assure sa régularité extérieure. De même son enregistrement ou sa transcription qui lui donnent date certaine complètent, il faut le remarquer, le système des garanties qui entourent l'acte notarié français d'une valeur si exceptionnelle.

La loi belge, la loi hollandaise ne se sont pas départies de ces règles, mais nous ne pouvons assurer qu'elles soient suivies ailleurs.

§ VI. — FORCE DES ACTES NOTARIÉS FRANÇAIS A L'ÉTRANGER.

Question 24. — Il est du droit des gens. selon Denizart, que ce qui est authentique dans un pays le soit chez les nations étrangères. On ne reçoit à l'étranger ajoute M. Demangeat (Droit international privé, n° 224), contre un acte et outre son contenu, que la preuve admise dans le pays où il a été dressé.

L'acte authentique passé en France porte en conséquence avec lui tous ses effets. Il en est de même en France des actes authentiques dressés en pays étranger. Ils sont acceptés avec la valeur et le degré plus ou moins grand de force qui leur appartient dans leur pays d'origine (Voir *ib.*, n° 224).

On n'exige qu'une chose pour les uns et pour les autres, c'est que leur régularité extérieure et la compétence de l'officier de qui ils émanent soient attestées par l'ambassadeur de sa nation. Celui-ci le reçoit lui-même de son supérieur hiérarchique par l'intermédiaire des divers services judiciaires qui, depuis l'étude où l'acte a été fait, l'ont successivement contrôlé en se le transmettant. La législation rattache ainsi l'acte à son lieu d'origine et atteste dans son contexte même et par une déduction rigoureuse qu'il ne peut avoir rien perdu de sa force. La signature du notaire français est légalisée par le président de son tribunal dès qu'il s'agit de produire l'acte au dehors de son ressort. Celle de ce magistrat l'est par le garde des sceaux et celle de ce ministre par son collègue des affaires étrangères, dès qu'il s'agit de le produire hors de France.

L'ambassadeur à qui on demande à l'étranger de vérifier par sa légalisation la valeur des légalisations françaises constate donc, en reconnaissant la signature de son ministre qui lui est certainement connue, toute la série des formes qu'a reçues l'acte, son origine, son authenticité, sa force, et on conçoit dès lors qu'il lui assure son caractère de preuve incontestée.

Si l'acte est exécutoire, la simple signature de l'ambassadeur ne peut d'ailleurs lui procurer son exécution forcée. L'exécution forcée implique une injonction à la force armée, aux autorités du pays, qu'un gouvernement seul peut donner, et l'on conçoit sans peine que l'art. 2123 du Code refuse aux jugements rendus à l'étranger, et qui n'ont pas été homologués en France, toute exécution de plein droit.

Est-ce pour une raison semblable que l'article 2128 de notre Code (1) refuse aux actes notariés passés à l'étranger qui emportent hypothèque, leur exécution en France, sauf dans les pays qui ont avec nous des traités ? M. Pont, dans son Commentaire sur les hypothèques, fait à ce sujet remarquer avec grande raison que l'hypothèque ne contient pas une force d'exécution plus grande que les testaments, les ventes et tant d'autres contrats, qui cependant sont exécutés dès que l'exécution est consentie volontairement.

Quoi qu'il en soit de cette anomalie de notre Code, anomalie souvent signalée, le tempérament que lui apporte l'article 2128 dans les pays qui auraient avec la France des traités particuliers est resté jusqu'ici à l'état de lettre morte. Nous ne connaissons que l'Italie à laquelle on puisse l'appliquer par suite des anciens traités avec la Sardaigne conclus en 1760, et remis en vigueur par la convention du 12 juin 1860 (2).

Ainsi, en résumé, l'acte français à l'étranger produit partout ses effets d'authenticité dès qu'il est légalisé, mais : aux termes même des réponses faites au questionnaire, nulle part, sauf en Italie, les actes notariés français exécutoires ne peuvent prétendre *de plano* à l'exécution forcée.

---

(1) Cette disposition de l'art. 2128 a été abrogée en Belgique par la loi du 16 déc. 1851. — Voir aussi C. de pr. civ., art. 546.

(2) M. Beker. Conf. Molé, précit., p. 4).

Par contre, l'exécution volontaire peut être consentie pour tous les contrats, sauf pour ceux qui emportent hypothèque.

Cependant exceptionnellement les actes passés en Italie peuvent, en France, à raison des anciens traités, emporter hypothèque ; de même *de plano et réciproquement* les actes passés en France peuvent emporter hypothèque en Italie, s'ils sont insinués.

Enfin, dans les pays qui n'ont pas cette facilité et quand l'exécution n'est pas volontaire, on a recours aux tribunaux.

En Suisse, par exemple, cela n'est pas douteux ; la grosse d'un acte français peut acquérir par jugement la force exécutoire (Voir L. proc., 19 déc. 1819, Rép. au Quest., p. 37). C'est là le principe qui est très-certainement commun à tous les pays.

Il en est de même en Danemark (Voir Rép. au Quest., p. 10), en Suède (Rép. p.14). Les actes concernant la propriété immobilière doivent toutefois être transcrits dans ces deux derniers pays. En Belgique, le visa du président du Tribunal)voir L. du 16 déc. 1851) s'ajoute à la légalisation. Il a pour effet d'attester que le contrat français n'a rien de contraire à la loi belge.

Les récentes conventions consulaires passées avec la Suisse, les 19 octobre et 2 nov. 1869, avec l'Espagne les 7 janvier et 18 mars 1862, avec la Russie, le 30 juillet 1857, ne contienent aucune dérogation sur ce point. (V. art. de M. P....., Journal de Bioche, n° 2638).

La convention avec la Suisse sur l'exécution des jugements, du 15 juin 1869, promulguée le 19 octobre même année, ne dit rien de l'exécution des actes.

CONCLUSIONS.

Question 25. — Pour se résumer plus sûrement elle-même au terme de cette longue étude, votre commission a demandé à ses correspondants, dans une dernière question qu'elle a ajoutée à son questionnaire, de lui transmettre les réflexions, les vues d'ensemble, les pensées de réforme que leur avaient paru soulever autour d'eux chacune des législations dont nous leur demandions l'analyse. C'était pour nous le moyen d'apprendre si l'absence du notariat français est réellement une lacune, là où il n'est pas organisé, et si la constitution de la preuve authentique elle-même est une réforme désirable dans les pays où la preuve sous seing privé est seule en usage. C'était aussi et surtout le moyen de connaître quels sont les perfectionnements dont notre loi organique a été jugée susceptible par les peuples qui se la sont appropriée.

La loi du 25 ventôse an XI est un des monuments les plus parfaits de la législation française. Voilà ce dont on arrive à se convaincre, lorsqu'on considère les expériences qui ont été faites ailleurs en cette matière de la preuve. Une telle conclusion n'aura à coup sûr rien de surprenant pour ceux qui sont familiers avec son texte et qui savent que la plus longue étude et la pratique la plus assidue signalent à peine à ceux qui l'appliquent chaque jour quelques modifications à y introduire (1).

Nous devons même l'ajouter, ses dispositions sont à nos yeux si sagement conçues que nous tenons pour certain qu'il n'y a que les pays qui les ont entièrement adoptées qui soient à même d'apprécier tous les avantages de la preuve authentique. C'est là seulement qu'elle est à la portée de tous et qu'elle s'offre à toutes les transactions.

C'est là aussi que le notariat a seulement l'indépendance et la considération qui doivent lui appartenir pour que les parties l'emploient avec confiance. Dans tous les pays, au contraire, où les magistrats ont gardé le droit de conférer l'authenticité et où la vieille confusion entre les deux juridictions volontaire et contentieuse s'est maintenue, il n'a qu'une condition précaire, et le contrat authentique ne s'est pas par suite répandu comme il l'est parmi nous.

---

(1) Au moment où paraissait cette étude, nous avons eu communication d'un travail d'un honorable notaire de Paris, M° Trépagne intitulé. *Les notaires de Paris et de Londres*, où nous avons été heureux de retrouver admirablement exposées la plupart des idées que nous avons essayé de mettre en lumière. M. Trépagne démontre les avantages de l'institution française, dus non-seulement à ses règles constitutives, mais encore à sa discipline que le notariat étranger ne connait pas, et enfin à cette patrimonialité de la profession, ainsi qu'il l'appelle, qui est un avantage incontestable du droit de présentation. Le régime français, en effet, révèle surtout sa supériorité dans les corporations où la discipline est sévère et dans celle ou les études se transmettent patrimonialement. Il ne cesse, au contraire, de présenter toutes les garanties qui le distinguent que lorsque par le fait des titulaires, ces règles ou ces errements ne sont plus exactement suivis. L'auteur part de là pour démontrer quels inconvénients aurait en France avec nos mœurs et nos lois, la substitution du système anglais. Il est regrettable que ce remarquable opuscule n'ait pas été livré à la publicité.

Les critiques que paraît mériter le notariat belge qui est celui qui se rapproche le plus du notarait français ne tiennent qu'à l'énervement du statut disciplinaire dans les corporations et à la tradition regrettable qui fait presque partout dans ce pays du notaire un agent d'affaires, et transforme l'étude en une banque. L'ordonnance du 6 janvier 1843 n'a pas été promulguée chez nos voisins et les ordonnances qui régissent la discipline notariale sont bien loin d'être aussi complètes que chez nous. Aussi, malgré les critiques de parti pris qu'on lui a adressées, peut-on dire que le notariat français reste le type par excellence de l'institution propre à assurer l'authenticité des conventions.

Mais peut-on affirmer que l'institution de la preuve authentique soit nécessaire. Peut-on affirmer surtout, en présence de l'exemple qui nous est donné par l'Amérique, par l'Angleterre, par le Danemarck, qu'il y ait un intérêt de premier ordre pour une société à organiser l'authenticité? Partout où la preuve authentique serait admise, cela n'est pas douteux, l'institution du notariat français est la mieux appropriée pour en faciliter l'usage et en assurer les avantages, puisqu'au bout de soixante ans la législation qui l'a établie nous offre ce singulier exemple d'une loi dont l'application n'a signalé ni l'insuffisance ni les lacunes. Mais la preuve authentique elle même a-t-elle bien sa raison d'être? Voilà ce qu'on est amené à se demander en dernière analyse!

Eh bien, nous n'hésitons pas à le dire, quelque instructif que puisse être vis-à-vis de nous le parallèle des transactions anglaises uniquement régies par la preuve sous seing privé, votre commission n'en est pas moins restée convaincue que l'organisation de la preuve authentique est un bienfait partout où elle existe et partant que notre notariat est une institution éminemment utile.

La force des vieux usages, l'existence de corporations puissantes où vivent les plus honorables tradititions et qui s'imposent par leur notoriété comme d'autres chez nous par le monopole, peuvent suppléer chez nos voisins à l'insuffisance d'une législation où sans elle la rédaction des conventions serait abandonnée à des individus sans aptitude spéciale, sans responsabilité propre, et qui seraient libres d'abuser des secrets des parties sans pouvoir assurer à leurs actes ni la foi ni l'exécution; mais, en l'absence de ces corporations où en serait la sécurité des transactions.

Selon nos honorables correspondants (voir Rép. au Quest., p. 6), la façon dont se constitue la preuve en Angleterre serait sans influence sur les lenteurs et les difficultés inextricables de la procédure; selon eux cet état de choses seraient un mal qui tiendrait bien plus à l'état de la législation, à son incertitude, à ses contradictions, qu'aux imperfections de la rédaction des sous siengs privés.

Ne nous est-il pas au contraire permis d'induire de l'autorité et de l'influence que conservent les corporations judiciaires en Angleterre, leur utilité pour l'organisation de la justice? Dans ce pays même où l'on semble de plus en plus porté à tout laisser au hasard de l'industrie privée et de l'initiative individuelle, la tradition défie en somme toute concurrence et maintient au profit des corporations une influence égale à celle du monopole. Elle justifie donc le monopole là où il existe. Les corporations anglaises rendent les mêmes services que les nôtres. Elles en rendraient de plus encore, si leurs attributions, si les règles qui régissent leur ministère étaient uniformes et inscrites dans la loi.

Qu'on ne s'y trompe pas, l'action de la justice, pour conserver toute sa force et toute sa précision, ne doit pas être isolée de certaines institutions qui chez nous lui prêtent leurs concours. L'avocat, l'avoué sont de moitié avec le juge dans le jugement qu'on demande au tribunal. De même, l'acte notarié, s'il est clairement conçu, bien rédigé, facilite la sentence du magistrat quand elle ne l'épargne pas. C'est à ce titre que l'organisation du notariat se rattache de si près à l'organisation judiciaire et qu'elle lui appartient. Le notariat est la base d'une bonne justice quand il n'en tient pas lieu, et tout ce qui est enlevé à l'ordre, à la clarté dans la rédaction des conventions ne l'est pas seulement à la facilité des transactions, mais à l'action de la justice elle-même.

La preuve authentique n'est donc pas seulement un élément de stabilité et de confiance dans les affaires. Elle est la condition d'une justice prompte et économique, et c'est pour cela qu'elle est la source du crédit.

Le procédé selon lequel on la crée est à la fois des plus simples et des plus ingénieux. Il séduit autant par ses avantages pratiques qu'il s'impose par son caractère de vérité absolue. Rien n'est à la fois plus rationnel et mieux justifié que l'autorité de la preuve authentique, et on se demande comment après avoir découvert un instrument si utile il serait possible de le laisser sans emploi.

Notre législation, on le sait, a hautement proclamé que le principe unique des obligations est l'échange des volontés. Une législation avancée ne saurait en avoir un autre. Or, sans dépouiller les conventions de leur nature immatérielle, trouver le moyen de les faire tomber sous la perception physique de ceux qui n'en ont pas été les témoins, et cela par un ensemble de faits si heureusement combinés que dans leur ensemble l'esprit trouve la certitude, n'est-ce pas le triomphe de la prévoyance et de la raison ? Voilà ce que la preuve authentique et en particulier la preuve notariée permettent de faire journellement. Elles placent à l'aide des opérations diverses qu'elles comportent l'expression variable et fugitive de la pensée sous un réseau de déclarations et de témoignages écrits, si intimement unis, et qui puisent une force si particulière dans les circonstances où ils se produisent, qu'elles enlèvent la volonté de l'homme au doute, à la mauvaise foi, à l'oubli et à sa propre incertitude, et qu'à travers le temps et l'espace, elles arrivent à lui faire reconnaître la même foi et la même force que dans le moment où elle s'est manifestée.

L'acte notarié dressé pour l'intérêt le plus minime dans le canton le plus reculé de la France a cette puissance et ces effets depuis la loi de ventôse, et on peut ajouter depuis saint Louis, car, depuis ce temps, les caractères de tout acte notarié sont les mêmes et ne permettent pas de contester sa portée.

Il ne peut être reçu que par un fonctionnaire qui est connu dans le canton où il instrumente et où sa résidence est fixée, dont la signature est déposée et doit être légalisée pour le dehors, et qui à côté de sa signature appose un sceau particulier dont il a seul l'usage et dont la forme est brisée après lui. Il n'est pas l'œuvre de ce fonctionnaire seul. Deux témoins domiciliés ou un second notaire assistent l'officier public qui instrumente et par cela même certifient l'identité de sa signature.

Dans de telles circonstances, comment supposer qu'un tiers étranger au notariat puisse simuler l'intervention du notaire ainsi que tant de faits qui la caractérisent et l'accompagnent, et, d'un autre côté, une fois l'intervention du notaire certaine, comment supposer que l'expression de l'acte ne soit pas l'expression de la vérité ? Le notaire a une aptitude spéciale qui ne lui a pas permis de se méprendre sur les intentions des parties. Il agit sous leurs yeux ; sa signature a pour garantie la leur. Il est soumis à une surveillance, à une responsabilité, il a une honorabilité présumée qui ne permettent pas de croire qu'il ait supposé le consentement des parties ou qu'il se soit trompé.

Que s'il s'est fait l'instrument d'une fraude et a commis un faux, du moins il est certain que dès que les intéressés le dénonceront, il ne pourra se soustraire à la preuve de son crime. Par la date même de l'acte, par sa mention au répertoire, par la comparaison des écritures il ne lui sera pas possible de nier.

La facilité de la preuve du faux est une force de plus au profit de l'authenticité de l'acte notarié.

Ainsi l'autorité de la preuve notariée est due à la prévoyance avec laquelle on a groupé dans le même acte tous les moyens de preuve connus, à leur simultanéité à une date donnée qui les rend plus saisissants, enfin à la facilité même qu'on a pour exercer contre le notaire qui deviendrait faussaires la plus redoutable, la plus infaillible des responsabilités.

Peut-on après cela sans s'exposer à diminuer cette autorité même, prétendre que certaines de ces formalités doivent être simplifiées ? Y a t-il un intérêt quelconque à le soutenir ? Nous en convenons, aucune d'elle n'est par soi-même la preuve déterminante de la vérité de l'acte dont elle a accompagné la réception, mais toutes ensemble n'ont-elles pas une portée véritable ?

Il est facile de montrer que la plus insignifiante d'entre elles a sa valeur dans cet ensemble. On a critiqué par exemple jusque dans notre commission la nécessité de l'assistance du second témoin ou d'un second notaire, et nous voyons qu'en Suisse dans quelques cantons on l'a supprimée. Cette innovation est-elle heureuse ? Nous ne le croyons pas. Les témoins, le second notaire n'assistent pas il est vrai à la rédaction de tous les contrats, toutefois en y intervenant même après coup, ils certifient, nous l'avons déjà dit, que les signatures données sont bien celles du notaire et celles des parties. C'est beaucoup lorsqu'on songe à tout ce que ce double fait implique et à ce qu'il est permis d'en induire, sans compter que plus tard par la mort d'un seul des témoins l'acte où ils ont comparu prend date certaine. Cette formalité n'est donc indifférente qu'en apparence. Elle appuie, elle complète les autres énonciations de l'acte.

On s'est demandé pareillement si tout en conservant les règles qui régissent la forme notariée on ne pourrait pas attribuer à tout intermédiaire le droit de les rédiger, si en un mot l'authenticité ne découlerait pas aussi rationnellement de la forme de l'acte que du caractère du fonctionnaire qui le dresse et de son droit exclusif à le rédiger ? Cette opinion a été soutenue au sein de la commission.

On comprend que dans un pareil système la collation de l'exécution parée devrait être rendue aux tribunaux. Mais par cela même la simplification si utile qui résulte de la concentration dans les mêmes mains du droit d'authentiquer les conventions et de les faire exécuter n'existerait plus.

Ce ne serait pas le seul inconvénient de cette réforme.

Ainsi qu'on l'a déjà dit, une partie de la force authentique provient de la notoriété qui s'attache au notaire, de son aptitude présumée, de sa compétence, de sa responsabilité.

Tous ces caractères ne se retrouveraient plus dans l'acte que dresserait un intermédiaire libre, et la forme qu'il devrait observer dégénérerait bien vite en un étroit formalisme si cette forme était la source unique de l'authenticité.

Comment d'un autre côté lui prescrire la conservation de ses actes et donner aux minutes ce caractère de dépôt public et inaliénable qui fait que nul n'a plus le droit de faire disparaître un acte une fois qu'il est déposé dans une étude ? Comment lui prescrire la tenue des répertoires et tant d'autres règles si utiles ? Comment enfin pourvoir d'études les pays pauvres ?

Tout se tient, on le voit, dans l'institution française.

Un économiste distingué, M. Theureau, dans plusieurs articles du *Journal des Économistes*, 1868, page 380, a proposé de transformer les receveurs de l'enregistrement en notaires et de leur donner pour mission d'insinuer les actes qu'on voudrait conserver.

Que penser de cette réforme ? Ne conclut-elle pas directement contre l'idée dont elle s'inspire ? Est-ce en changeant le nom du monopole, en le déplaçant, qu'on établira la liberté des professions, au lieu d'avoir le monopole du notaire, on aura le monopole du receveur, et voilà tout. On compromettra le secret dû aux actes, en laissant leur dépôt entre les mains de fonctionnaires amovibles salariés et qui n'ont pas le caractère spécial d'indépendance des notaires. On arrivera forcément, en un mot, en multipliant le travail des bureaux d'enregistrement, à en augmenter le nombre, et dans un pays qui compte déjà tant d'agents du pouvoir on en accroîtra encore l'effectif (1).

Le notariat français, avec son caractère mixte, de fonctions publiques qui ne s'exercent que par la confiance privée, et qui l'a fait classer au nombre des professions libérales, répond bien mieux, nous le croyons, à tous les besoins. La façon dont il s'est propagé en Europe s'explique par sa durée même dans notre pays qui a dévoré tant d'autres institutions. Dans l'état des mœurs il repose sur une idée vraie.

Est-ce à dire que la loi qui le régit ne puisse être modifiée sur aucun point ? qu'il faille maintenir l'art. 42 sur la dispense de stage qui a eu un caractère éminent transitoire, maintenir même la division en classes, qu'il n'y ait rien à faire pour émanciper les corporations d'une tutelle administrative jalouse à l'excès notamment en ce qui touche les règlements intérieurs et la bourse commune ? Non, à coup sûr. Il y aurait aussi quelques lacunes à combler dans les règles qui concernent les dépôts provisoires de minutes. Mais toutes ces innovations ne doivent être faites qu'avec la plus prudente réserve. On a demandé à ce propos si, en ce qui touche l'admission le concours ne pourrait pas, mieux compris qu'il ne l'a été en 1791, remplacer une partie de l'action laissée au gouvernement. Il est bien difficile, il faut le reconnaître, que les notaires ne reçoivent pas d'une autorité quelconque le droit de conférer aux actes l'exécution parée, puisque cette fonction, qui est une des branches les plus importantes de leurs attributions les constitue sous ce point de vue délégataires de la puissance publique.

A nos yeux, une réforme sur ce point ne deviendrait urgente dans l'intérêt de l'indépendance qui doit distinguer le ministère notarial que si la faculté de présentation était supprimée. Peut-elle l'être ? Doit-elle l'être ?

Nous ne sommes pas au nombre des adversaires systématiques de la vénalité. Elle est moins malfaisante qu'on ne le croit par

---

(1) Il paraît que dans la Hesse, cette institution a existé.

l'esprit même qu'elle entretient chez les titulaires des charges. Elle est plus rationnelle qu'on ne le dit puisqu'elle a sa source dans le travail et n'est en somme que le droit de disposer de la clientèle qui en est le fruit. Mais elle blesse un des grands principes de la Révolution : l'égale admissibilité aux emplois ! C'est assez pour qu'elle préoccupe l'attention du législateur. Peut-être une administration sage pourrait-elle amener son abolition sans qu'une expropriation générale et immédiate fût pour cela nécessaire. On pourrait se borner au début à concéder aux titulaires des indemnités partielles. Plus tard, la transmission successive des charges en faciliterait l'amortissement graduel, par la raison que le prix des traités serait susceptible d'être d'autant plus abaissé que les produits des études deviendraient plus rémunérateurs. Mais cette combinaison même qui ménagerait les intérêts du Trésor sans porter trop d'atteinte aux droits des titulaires conduirait-elle sûrement à l'abolition de la vénalité ? Ne verrait-on pas renaître celle-ci tôt ou tard sous l'invincible tendance qui portera toujours l'officier public qui aura créé sa clientèle à en disposer, et l'aspirant qui lui succédera à préférer un titre achalandé à un autre qui ne l'est pas. Le concours lui-même, en supposant qu'il devienne l'unique règle des nominations, pourrait-il avoir raison de ce fait ? Il est permis d'en douter. Mais là n'est point le principal écueil des mesures de suppression. Elles en ont un autre. Dans l'état de nos mœurs politiques, il n'y a point d'illusions à se faire tant qu'il y aura de gros budgets destinés à subvenir aux dépenses d'une centralisation puissante, ce sera une tentation presque invincible pour les gouvernements qui seront à sa tête que de chercher dans le facile expédient trouvé en l'an XIII et en 1816 les moyens de subvenir à leurs dépenses ou d'alléger leurs charges. Les systèmes se renouvellent en politique aussi souvent que les hommes. Il n'y a que les nécessités qui restent. Lorsqu'une administration sage et prévoyante aura supprimé les offices, une autre viendra qui voudra les rétablir, et pour avoir voulu donner une satisfaction momentanée à la rigueur des principes, on tombera dans les errements de l'ancienne monarchie et dans le trafic des charges au jour des grandes nécessités financières.

Voilà le danger d'une abolition prématurée.

Nous n'insistons pas sur cette question. Elle est accessoire dans l'étude qui nous occupe. Notre travail avait pour objet la comparaison de la loi de ventôse avec la législation des autres pays. La conclusion qu'on en peut tirer découle d'elle-même de l'exposé qui précède. La loi de ventôse, en coordonnant pour l'usage de la preuve authentique tant de dispositions éparses de l'ancien droit, a doté la France d'un établissement qui, pour justifier la confiance de l'avenir, peut désormais aussi hautement invoquer l'expérience des siècles que le témoignage des peuples voisins qui nous l'ont emprunté.

ANNEXES [1].

ANALYSE DES DOCUMENTS ADRESSÉS A LA SOCIÉTÉ.

RÉPONSE POUR L'ANGLETERRE.

Le mode de constatation des conventions est régi en Angleterre par des dispositions d'origine coutumière dont les caractères et les détails diffèrent essentiellement des dispositions des lois françaises sur le même sujet.

Il suit de là qu'on ne peut guère faire au questionnaire que les réponses suivantes :

QUESTION 1.

En principe, tous les genres de preuve sont admis devant les tribunaux pour établir l'existence et la portée des conventions. Cette règle souffre néanmoins un certain nombre d'exceptions, qui ne s'expliquent pas toujours d'une manière rationnelle, et n'offrent que peu d'intérêt au point de vue scientifique.

De plus, l'appréciation souveraine des tribunaux, en matière de preuves, est tempérée par l'usage et la tradition, qui donnent dans chaque cas particulier à tel genre de preuve la préférence sur tel autre.

Pour toute convention, de quelque importance, une preuve écrite ou une preuve équivalente, comme l'aveu de la partie, est généralement exigée. Il existe même plusieurs statuts qui restreignent formellement, dans certains cas, les effets des conventions verbales. Ainsi, le 29e statut de Charles II, chapitre 3, déclare que

---

(1) Dans le bulletin de législation dont ce travail est extrait, les pages 1, 2 et 3 étaient consacrées au questionnaire.

la plupart des baux et certains droits réels sur les immeubles, lorsqu'ils n'auront été convenus que verbalement, seront révocables à volonté.

Les écrits (*deeds*) destinés à contester les conventions sont rédigés, soit par les parties, soit par les attorneys ou agents d'affaires. Dans tous les cas, ils doivent, pour être parfaitement réguliers, contenir les noms et qualités des parties, la cause et l'objet de la convention, être écrits sur papier ou parchemin timbré, être revêtus de la signature et du sceau des parties et de ceux des témoins qui attestent, au bas ou au dos de l'écrit, la sincérité de la convention.

Ces dernières formalités sont précédées de la lecture de l'écrit, en présence des parties et des témoins. Il est dressé autant d'originaux qu'il y a de parties en cause, afin qu'un des originaux soit remis à chacune d'elles. Avant cette remise, on place ces originaux les uns sur les autres ou les uns à côté des autres, et on en coupe le bord en le dentelant ou en l'ondulant, de façon que l'on puisse voir par la suite, en replaçant les originaux dans la même position, s'ils se rapportent bien les uns aux autres. L'absence de l'une ou de plusieurs des formalités qui viennent d'être indiquées peut être, suivant les cas, plus ou moins couverte ou suppléée.

QUESTIONS 2 et 3.

Il n'existe pas, en droit anglais, de conventions qui doivent être authentiquement constatées, sauf les conventions immobilières où le roi est partie, et qui doivent être passées dans une forme spéciale avec le concours de l'*attorney* ou du *solicitor general*.

Il n'y a pas de mode particulier de conférer l'authenticité aux conventions, à moins qu'on ne veuille regarder comme telle l'observation de formalités symboliques employées dans certains cas pour la transmission des immeubles, et qui ont pour effet de donner à cette transmission plus de certitude et de solennité.

Néanmoins on arrive indirectement à donner à certaines conventions la force authentique en les faisant consacrer soit par le Parlement, soit par la justice. C'est ce qu'on désigne sous le nom de *matter of records*.

L'intervention du parlement est spécialement invoquée et s'exerce encore de nos jours, bien que plus rarement qu'autrefois, lorsque des immeubles sont grevés de ces droits réels dont les lois anglaises permettent l'établissement, et qui deviennent parfois tellement confus et enchevêtrés les uns dans les autres qu'il est impossible de les liquider, ou qu'on n'y parviendrait qu'après des délais et avec des frais exorbitants.

Le Parlement rend alors, du consentement de tous les intéressés, une loi qui fait la part de chacun et qu'on peut regarder comme une liquidation amiable et authentique, destinée à prévenir toutes les difficultés dérivant de l'ancien état de choses.

L'intervention de la justice s'exerce sous la forme d'un procès fictif, à la suite duquel les conventions des parties sont incorporées de leur consentement unanime dans la décision du juge. Il y a plusieurs manières d'engager et de mener à ces sortes de procès. Ils sont surtout en usage pour les transmissions immobilières. Leur utilité ne consiste pas seulement à donner à la transmission la force authentique, mais encore, et plus particulièrement, à permettre à l'acquéreur de purger les droits réels qui peuvent grever l'immeuble. La décision judiciaire devient en effet, à son profit, le point de départ d'une prescription à courte échéance, ordinairement cinq ans, au terme desquels il peut repousser toute réclamation d'un droit quelconque sur son immeuble.

QUESTION 7.

Bien qu'il n'y ait point en Angleterre d'officiers publics chargés de conférer l'authenticité aux conventions des parties, et correspondant aux notaires ·français, il existe cependant des hommes d'affaires revêtus du même titre; mais leurs fonctions, très-restreintes, ne concernent guère que quelques-uns des actes confiés en France aux courtiers d'assurance et aux huissiers, tels que les contrats d'assurance et les protêts. Ils ne peuvent être comparés, même de loin, aux notaires français, et l'étude, intéressante d'ailleurs, de leur organisation, ne nous a paru d'aucune utilité pour les travaux de la Commission.

QUESTION 25.

Le mode de constatation des conventions en Angleterre laisse, de l'aveu de tous, beaucoup à désirer. Les jurisconsultes anglais regrettent spécialement que l'usage saxon de transcrire toutes les conventions ayant trait à des immeubles, sur les registres de la cour de comté, usage conservé seulement en Ecosse et dans deux ou trois comtés anglais, soit tombé en désuétude. De là, des incertitudes et des doutes regrettables en ce qui concerne les droits réels sur les immeubles. Même en matière mobilière, l'exécution des conventions donne fréquemment lieu, quand une des parties est de mauvaise foi, à de nombreuses difficultés.

Mais cet inconvénient tient-il exclusivement, ou même principalement, au mode de constatation des conventions et à l'absence d'officiers publics, tels que les notaires français?

Toute porte à croire que non. Les causes essentielles des contestations plus ou moins inextricables que fait naître en Angleterre l'exécution des conventions, doivent être cherchées d'abord dans les règles obscures et compliquées du droit civil·anglais, ensuite dans une organisation judiciaire et une procédure également défectueuses; enfin, dans l'usage qu'ont les Anglais d'employer, pour la rédaction de leurs conventions, d'anciennes formules très-prolixes, pleines d'équivoques et de contradictions, au point qu'elles sont souvent tout à fait incompréhensibles.

Si ces trois points étaient réformés ce serait alors seulement qu'on pourrait voir si l'absence des notaires et la constatation des conventions par acte sous seing privé, avec l'assistance, dans certains cas, d'hommes d'affaires ou même de la justice, produirait en Angleterre des résultats meilleurs ou moins bons que le système français.

RÉPONSE POUR LE DANEMARK (1).

A proprement parler, l'institution du notariat n'existe pas en Danemark ; il n'y a pas de fonctionnaires spéciaux qui soient inves-

---

(1) Les renseignements sur le Danemark sont dus surtout à M. Anton Klubien, avocat à la Cour suprême de Danemark, membre correspondant de la Société.

tis, comme chez nous, des attributions spécifiées dans l'art. 1er de la loi de ventôse, et, par suite, pas de loi organique qui les régisse.

Les rares dispositions législatives qui confèrent à des fonctionnaires de l'ordre administratif ou judiciaire quelques-unes des fonctions de nos notaires, sont disséminées dans les lois et ordonnances innombrables, qui se sont succédé depuis l'année 1683 jusqu'à nos jours.

Il résulte de ces dispositions qu'on peut faire à notre questionnaire les réponses suivantes :

QUESTIONS 1 ET 2.

La loi danoise autorise la preuve de toute convention, quelle qu'en soit l'importance, par le témoignage de deux personnes qui ont assisté à l'engagement.

La convention verbale arrêtée en présence de deux témoins est donc seule en usage lorsque les stipulations sont simples et l'intérêt de peu d'importance.

Si la convention porte sur une valeur plus considérable, ou si les stipulations sont complexes, on dresse un acte sous-seings privés qui est signé soit par la partie elle-même, soit par un fondé de pouvoirs qui écrit à la suite de l'acte le nom de la partie.

Celui dont le nom se trouve au bas de cet acte est tenu de l'exécuter, à moins qu'il ne prête serment qu'il n'a signé l'acte ni par lui-même, ni par mandataire; s'il refuse de jurer, il est condamné.

Presque toujours, lorsque la convention est assez importante pour qu'on la constate dans un écrit, on le fait signer aussi par deux témoins qui certifient la signature des contractants et au serment desquels on s'en rapporte, quand l'une des parties conteste sa signature, ou est décédée, ou dans l'impossibilité, par une cause quelconque, de reconnaître la convention.

Le ministère du notaire (nous verrons plus tard celui qu'on appelle ainsi), n'est requis que pour les contrats d'une importance extrême, et lorsque leur effet doit, vraisemblablement, se perpétuer au-delà de l'existence des parties et des témoins ; dans ce cas encore, le rôle du notaire se borne à certifier la signature.

C'est ainsi que les testaments se font généralement devant notaire ; quoiqu'ils soient valables signés seulement du testateur et de deux témoins qui attestent qu'il est sain d'esprit.

En ce qui concerne les mutations de propriété ou de jouissance immobilières et les constitutions de droits réels, elles sont règlementées par une institution spéciale, le « Thinglœsing. »

L'acte qui les constate, signé des parties, est lu à haute voix par le greffier dans une audience publique du tribunal inférieur du district de la situation de l'immeuble ; il est donné acte de cette lecture dans le procès-verbal de la Cour, et les actes ainsi lus sont transcrits sur un registre spécial où chaque immeuble du district a sa cote ; ce registre est public ; les originaux des actes sont gardés par le greffier qui les inscrit sur un répertoire et en délivre des copies à tous ceux qui en font la demande.

Le moyen le plus généralement employé pour donner aux conventions tout à la fois l'authenticité et la force exécutoire, est une sorte de comédie solennelle, analogue à celles de l'ancien droit romain, et qui se joue devant la commission chargée, près de chaque tribunal, de chercher à concilier les parties, avant que l'instance puisse être engagée; les contractants se présentent devant

cette commission en simulant un procès ; chacun expose sa demande qui a précisément pour objet la formation du contrat,
accepte les prétentions de l'adversaire ; la commission donne acte
de tout, et les parties sont liées comme par jugement ; les frais
devant cette commission sont très-peu élevés.

L'authenticité peut donc être conférée aux conventions par les
jugements, par les procès-verbaux des commissions de concilation,
Et par la réception de l'acte par le notaire.

QUESTION 3.

Aucune loi ne subordonne la validité de certaines conventions à
leur constatation authentique.

QUESTION 4.

Les procès-verbaux des commissions de conciliation et des au-
diences des tribunaux ont la même force exécutoire que les jugements.

Les actes signés devant notaire font foi jusqu'à preuve contraire,
mais n'ont pas la même force exécutoire.

QUESTION 5.

Les conventions passées devant les tribunaux et les commissions
de conciliation font partie du procès-verbal de l'audience, et, par
suite. sont inscrites sur les registres du tribunal ou de la commission.

Les notaires ont des registres qu'ils conservent, mais ils n'y
transcrivent les actes passés devant eux qu'à la demande expresse
des parties.

QUESTION 6.

L'authenticité dérive de la mention que fait, en fin de l'acte, le
greffier ou le notaire, que la convention a été lue à l'audience ou
signée devant lui.

Cette mention, qui ne fait pas corps avec l'acte, fait foi jusqu'à
preuve contraire.

QUESTIONS 7 ET 8.

Le greffier du tribunal inférieur est en même temps notaire, et le
seul notaire dans l'étendue du ressort du tribunal : à Copenhague
seulement, il y a un notaire général qui n'a pas d'autres fonctions.

QUESTION 9.

Ils doivent prêter leur ministère quand ils en sont requis.

QUESTIONS 10, 11 ET 12.

Les greffiers des tribunaux inférieurs, ainsi que le notaire de
Copenhague, sont nommés par le roi ; ils doivent avoir fait les
mêmes études de droit et passé les mêmes examens que les juges ;
très-souvent le juge lui-même est en même temps greffier ; le greffier peut avoir un commis assermenté qui peut instrumenter sous
la responsabilité du greffier.

QUESTION 13.

Ils n'ont pas le droit de se choisir un successeur.

QUESTIONS 15 ET 16.

Le notaire doit toujours procéder avec l'assistance de deux témoins ; ses fonctions se bornant presque toujours à une légalisation de signatures, les parties se rendent chez lui avec deux témoins, et leur acte déjà fait : le notaire n'a même pas besoin de prendre connaissance de la teneur de l'acte ; il atteste seulement, en présence des deux témoins qui signent avec lui, que l'acte a été signé par les parties en sa présence, ou qu'elles lui ont déclaré que la signature déjà apposée au bas de l'acte est bien la leur.

QUESTION 17 ET 18.

Les notaires sont soumis à la responsabilité générale qui s'attache à l'exercice des fonctions publiques ; ils n'ont pas de cautionnement.

QUESTION 19.

Les greffiers ont des appointements fixes payés par l'Etat.

Les frais, très-modérés, auxquels la loi a assujetti les actes notariés, sont versés au Trésor public.

Le notaire de Copenhague n'a pas de salaire fixe ; ses honoraires sont fixés par une loi, et il doit indiquer, dans chaque acte, sous sa signature, le chiffre des honoraires que le client lui a payés.

QUESTIONS 20, 21 ET 22.

Les notaires-greffiers ne forment point une corporation.

QUESTION 23.

En leur qualité de fonctionnaires publics, les notaires sont tenus de veiller à l'exécution des lois sur le timbre et de retenir les actes qui présentent une contravention à ces lois.

QUESTION 24.

Les actes reçus par des notaires français, dûment légalisés, ont, en Danemark, la même valeur que les actes reçus par les notaires danois, c'est-à-dire font foi jusqu'à preuve contraire.

La légalisation est régulière quand elle émane en dernier lieu de l'ambassadeur danois, ou de notre ministère des affaires étrangères.

Telles sont les réponses qu'on peut faire à notre questionnaire, en ce qui concerne l'organisation du notariat en Danemark.

QUESTION 25.

Il en ressort ce fait particulièrement saillant que ceux qui portent le nom de notaires ne remplissent point le rôle principal qui fait, chez nous, leur utilité et leur autorité, c'est-à-dire qu'ils ne sont pas les rédacteurs des conventions des parties ; ce soin est laissé aux avocats.

Si l'on ajoute à cela que les actes reçus par eux ne font foi que jusqu'à preuve contraire, qu'ils ne sont pas tenus d'en conserver minutes, et qu'ils ne peuvent revêtir leurs copies de la formule exécutoire, on peut conclure que le notariat n'existe pas en Danemark.

Néanmoins, M. Klubien n'hésite pas à déclarer que cet état de choses suffit à tout et que personne ne songe à le modifier.

RÉPONSE POUR LA SUÈDE (1).

A proprement parler, le notariat n'existe pas en Suède ; on a tenté, à plusieurs reprises, d'organiser une institution spéciale, distincte de la magistrature, qui serait appelée à donner l'authenticité et la force exécutoire aux conventions entre particuliers qui ne présentent pas un caractère contentieux, mais ces diverses tentatives ont dû être abandonnées en présence de l'augmentation de frais qui serait résultée pour les parties de cette institution nouvelle.

La preuve des conventions reste donc soumise au témoignage ou aux écrits sous seings privés ; néanmoins, les contrats translatifs de propriété immobilière ou constitutifs de droits réels sont soumis à la transcription qui en assure la publicité, et c'est alors seulement qu'apparaît l'intervention nécessaire d'un officier public : dans tous les autres cas, celui qu'on appelle notaire n'est, en réalité, qu'un employé du tribunal, et son ministère, auquel on a d'ailleurs rarement recours, se borne à la certification de la signature des parties et les témoins.

Voici, sous le bénéfice de cette observation, comment on peut répondre au questionnaire :

Question 1.

Toute convention peut être prouvée par le témoignage de deux personnes honorables qui ont été simultanément présentes à l'engagement verbal, ou par un écrit signé des parties et certifié par deux témoins honorables.

Les conventions relatives aux immeubles ne sont toutefois opposables aux tiers qu'après transcription sur les registres du tribunal de 1re instance de l'arrondissement de la situation des biens.

Question 2.

L'authenticité des actes sous seings privés résulte du concours à ces actes de deux témoins ou d'un notaire (employé du tribunal). Toutefois, le témoignage de ce dernier est de si peu de poids, que, dans les conventions relatives aux immeubles, le concours de deux témoins est toujours nécessaire pour certifier l'identité et la signature des parties et la réalité de leur consentement.

Question 3.

Les conventions relatives aux immeubles et les contrats de mariage ne sont valables qu'autant qu'ils sont constatés authentiquement.

Question 4.

Les actes authentiques ne sont pas exécutoires par eux-mêmes ; ils ne le deviennent qu'après avoir été revêtus du mandement par le pouvoir administratif de l'arrondissement.

---

(1) Ces renseignements nous sont parvenus par l'intermédiaire de M. d'Oliveirona, membre de la Cour suprême de Stockholm, membre correspondant de la Société.

QUESTION 5.

Les actes transcrits sont conservés dans les archives du tribunal ; aucune disposition légale n'assure la conservation des autres actes.

L'authenticité dérive de l'attestation écrite des témoins ou, dans certains cas, de celle des fonctionnaires publics compétents.

QUESTION 7.

Aucun fonctionnaire n'est spécialement chargé de conférer l'authenticité ; il y a toutefois, dans toutes les villes de Suède, des employés qui prennent le nom de notaires publics, mais il est assez rare qu'on ait recours à eux pour la rédaction des conventions et la certification de la signature des parties. En général et dans la pratique, ce sont les tribunaux auxquels on s'adresse pour faire donner aux actes l'authenticité.

QUESTION 8 et 9.

Les notaires n'ont pas de monopole, ils sont obligés de prêter leur ministère.

QUESTION 10.

Ils sont nommés par la magistrature ou l'autorité administrative ; dans les villes trop peu importantes pour avoir un notaire, les fonctions en sont remplies par le secrétaire ou greffier du tribunal.

QUESTION 11.

Nous avons déjà dit qu'il n'existe, en Suède, aucune organisation du notariat, telle qu'elle existe en France.

QUESTION 12.

On ne peut être nommé aux fonctions de notaire qu'après avoir subi un examen dans l'une des universités ; il faut aussi avoir une expérience pratique des affaires (sans que le correspondant explique par quel moyen se constate cette expérience) et être connu comme un citoyen honnête et intègre.

QUESTIONS 13 et 14.

Les notaires n'ont, pas plus que les autres employés, le droit de se choisir un successeur.

QUESTION 15.

Il n'y a aucun règlement spécial sur le mode de procéder des notaires ; chacun procède comme il juge convenable dans chaque cas spécial.

QUESTION 16.

Le notaire doit se faire assister d'un témoin assermenté qui certifie les actes avec lui.

QUESTION 17.

La responsabilité du notaire n'a rien de spécial ; il répond de ses fautes professionnelles, conformément au chapitre XXIII du Code pénal suédois de 1864, comme tous les autres particuliers ; par suite, il n'est pas soumis à un cautionnement.

Questions 18 et 19.

Le notaire, comme tous les autres employés et fonctionnaires de l'Etat, est soumis, pour la fixation de ses honoraires, au tarif général des frais et émoluments du 30 novembre 1855.

Questions 20 à 23.

Les notaires ne forment pas de corporation.

Le timbre proportionnel est prescrit pour certains actes ; les notaires sont tenus de veiller à l'accomplissement de cette prescription.

Question 24.

Les actes notariés français contenant des conventions entre particuliers, et dont les spéculations n'ont d'ailleurs rien de contraire aux lois du pays, sont exécutoires : toutefois, s'ils se rapportent à des immeubles, ils doivent être transcrits.

Question 25.

Les Suédois reconnaissent que les lois qui régissent le notariat chez eux laissent beaucoup à désirer. Toutefois le mode de constatations actuel des conventions fonctionne régulièrement et sans trop d'inconvénient. Dans ces conditions, on se demande si les avantages qui résulteraient, pour les parties, d'une institution réelle et sérieuse du notariat, ne seraient pas compensés et au delà, par les frais qu'elle entraînerait. C'est cette considération qui a fait constamment échouer les tentatives pour réorganiser le notariat, surtout dans les campagnes, et repousser en particulier un projet tendant à ce que chaque juge de 1re instance eût à ses côtés un notaire territorial, de district, chargé de l'expédition de toutes les causes extrajudiciaires qui sont actuellement dévolues au juge.

OBSERVATION SUR LA RUSSIE.

Nous n'avons pu encore nous procurer, malgré des demandes et des démarches réitérées, des renseignements précis sur la situation du notariat en Russie. Nous le regrettons d'autant plus que le notariat paraît y être organisé avec beaucoup de soin. Quelques-uns d'entre nous ont eu sous les yeux des actes notariés, rédigés à Saint-Pétersbourg et à Varsovie, qui l'emportent de beaucoup, pour la clarté, l'intelligence et la perfection avec laquelle ils sont conçus, sur les actes des notaires des autres pays étrangers, et le cèdent à peine, sous ce rapport, aux actes rédigés par les notaires français les plus capables.

Nous croyons toutefois pouvoir affirmer qu'en Pologne le notariat serait encore régi par loi française, tandis qu'en Russie il serait à peu de choses près organisé comme en Prusse.

RÉPONSE POUR LA BELGIQUE (1).

En Belgique, le notariat est organisé à peu près comme en France, ce qui s'explique par la circonstance qu'il continue à être régi par les lois françaises antérieures à 1814.

QUESTIONS 1 A 11, 15 A 16, 20 A 22.

Tout ce qui concerne le mode de preuve des conventions, les actes authentiques et leur rédaction, le mode de procéder des notaires et l'organisation de leur corporation, est commun au droit belge et au droit français. Les chambres de discipline ont les mêmes attributions et fonctionnent de même. Il n'y a de différence entre les deux législations qu'en ce qui concerne les conditions d'admission aux fonctions de notaire : le droit des notaires de se choisir un successeur, leur obligation de déposer un cautionnement, le tarif des frais et honoraires.

QUESTION 12.

Les conditions d'admission aux fonctions de notaire ont été modifiées par la loi du 15 juillet 1849 et l'arrêté royal du 10 août suivant. Outre le stage et les autres conditions résultant de la loi de ventôse, ces textes exigent de l'aspirant à une place de notaire le grade de candidat notaire. Pour obtenir ce grade, il faut subir d'une manière satisfaisante un examen roulant sur les matières suivantes : le Code civil, les lois organiques du notariat, les lois financières qui s'y rattachent et la rédaction des actes.

QUESTIONS 13 ET 14.

Les notaires n'ont pas le droit de se choisir un successeur. Les démissions conditionnelles, ou basées sur une convention pécuniaire, ne sont point accueillies. et l'indépendance du pouvoir royal, quant à la nomination des notaires, est entière, en fait comme en droit. Ces principes, qui ressortaient déjà de la loi de ventôse, ont été confirmées par un arrêté du régent du 16 mars 1831.

QUESTION 18.

Le cautionnement imposé aux notaires a été aboli par un arrêté royal du 16 juin 1816.

QUESTION 19.

En ce qui concerne les frais et honoraires, les dispositions résultant de la loi de ventôse et du décret du 16 février 1807 ont été modifiées de la manière suivante : un arrêté du 17 décembre 1814 établit un droit fixe pour les baux des établissements de charité et d'instruction publique. Ce droit est de 2 à 25 francs, selon les loyers. La vacation ne peut être au-dessous de 18 fr. Un arrêté du 16 décembre 1851 fixe les honoraires, pour la rédaction des actes translatifs ou déclaratifs de droits réels immobiliers. Ils se règlent d'après un droit proportionnel de 1 p. 100 de la valeur de l'intérêt

---

(1) Les renseignements sur la Belgique sont dus, pour la plus grande partie, à M. Landrien, avocat à la Cour d'appel de Bruxelles, membre de la Société.

engagé, sans pouvoir tomber au-dessous de 3 francs ni s'élever au-dessous de 500 francs. Les frais de timbre et d'enregistrement se comptent à part.

QUESTION 23.

En ce qui concerne le payement des droits auxquels donnent lieu, au profit de l'Etat, les actes de leurs ministères, les notaires belges sont assujettis aux mêmes obligations que les notaires français, sauf une atténuation des peines applicables aux contraventions, résultant d'une loi du 6 juin 1850.

QUESTION 24.

Les actes authentiques passés à l'étranger sont admis comme tels en Belgique, sous une double condition : légalisation de la signature qui donne l'authenticité à l'acte, par exemple, celle du notaire français, par voie diplomatique (circulaire du 10 août 1850) ; visa du président du tribunal où cet acte est produit, certifiant que l'acte réunit toutes les conditions nécessaires pour son authenticité dans le pays où il a été reçu (loi du 16 décembre 1851).

QUESTION 25.

La situation du notariat belge, quelle qu'en soit la cause, laisse beaucoup à désirer. Les renseignements reçus sont unanimes à cet égard. Comme honorabilité, et surtout comme science, comme considération, comme position sociale, les notaires belges sont, en général, sensiblement au-dessous des notaires français. Aussi plusieurs projets, émanant de commissions gouvernementales, ont-ils été élaborés à l'effet de remédier à cet état de choses, en remaniant l'organisation du notariat. Le plus récent et le plus complet est le projet de loi du 4 février 1848. Il n'a jusqu'ici reçu aucune suite.

Bien qu'il ne faille peut-être pas chercher l'explication du mal ailleurs que dans la qualité de fonctionnaires publics placés sous la dépendance immédiate du gouvernement, dont sont investis les notaires belges (et c'est là l'opinion de tous les Français, qui ont été en mesure d'apprécier la situation du notariat belge), il ne paraît pas qu'il y ait en Belgique de réclamations contre le mode de nomination des notaires. Les réclamations portent principalement sur le triple ressort des notaires, sur l'absence de cautionnement, sur le tarif, sur la réception des infractions à la résidence, et sur les empiétements qui se commettent relativement aux fonctions des notaires et à leurs attributions.

Au lieu d'avoir trois classes de notaires de compétence territoriale différente, on voudrait mettre tous les notaires sur la même ligne, en leur attribuant un ressort égal, le canton ou l'arrondissement. L'art. 5 de projet de loi du 4 février 1848 porte: « Les no» taires exercent leurs fonctions dans l'étendue du ressort du » tribunal de paix dans lequel ils ont leur résidence. »

On reproche surtout au système du triple ressort de différencier, quant à l'étendue des attributions, des notaires, auxquels on impose cependant les mêmes conditions de capacité, les mêmes obligations, les mêmes charges. On lui reproche aussi, et ce reproche devrait plutôt être adressé au mode de nomination des notaires, de conduire à d'évidentes injustices. Par exemple, le notaire du canton promu au grade de notaire résident au chef-lieu d'arrondissement, entraîne avec lui sa clientèle de canton, tandis que son successeur, promu d'un canton moins bon dans un canton meilleur, perd à la fois, et la clientèle de ce dernier canton, qui suit l'ancien notaire au chef-lieu d'arrondissement, et celle du canton où il résidait auparavant et dans lequel il ne peut plus désormais instrumenter.

Plusieurs chambres de notaires ont demandé le rétablissement du cautionnement, en laissant toutefois au gouvernement le soin de le fixer pour chaque notaire, suivant l'importance du siége auquel il est appelé.

Sur la question de savoir s'il serait bon que le gouvernement imposât un tarif général d'honoraires, les avis sont partagés. M. Rutgeerts, le savant professeur de droit notarial, pense que cette mesure présenterait de grands avantages.

Le projet de loi du 4 février 1848 frappe d'une amende de 400 à 1,000 francs le notaire ne résidant pas au lieu qui lui a été assigné. S'il persiste malgré la condamnation, il pourra être destitué.

Le projet frappe d'une amende de 200 à 2,000 francs tous ceux qui, en fraude des droits des notaires, procéderont à des ventes publiques d'immeubles.

Quant au nombre des notaires, le projet veut qu'il soit déterminé par le gouvernement, suivant les besoins des localités, en prenant pour base le nombre et l'importance des actes pendant les dix dernières années. Le maximum ne pourra toutefois, dans chaque canton, s'élever à plus d'un notaire par 4,000 habitants.

OBSERVATION SUR LA HOLLANDE ET L'ALLEMAGNE RHÉNANE.

Les fonctions et la situation des notaires hollandais sont absolument les mêmes que celles des notaires belges, à part trois ou quatre points de peu d'importance.

Ainsi, depuis longtemps, le système du triple ressort est aboli en Hollande. Tout notaire a droit d'instrumenter dans le ressort de son arrondissement, et non ailleurs.

Depuis longtemps aussi un tarif général a été imposé aux notaires. On s'occupe en ce moment de le remanier.

Enfin, les conditions de capacité sont légèrement différentes.

Les vices de la constitution du notariat, en Hollande, et surtout leurs conséquences, c'est-à-dire le peu de considération que méritent et qu'obtiennent les notaires, sont vivement ressentis par le gouvernement hollandais. Il élabore en ce moment même un projet de loi pour réorganiser le notariat. Mais ce projet, comme les projets belges, laisse subsister complétement chez le notaire la qualité de fonctionnaires publics, dont la nomination est à la discrétion du gouvernement. Il paraît ne devoir modifier que des points de détails relatifs aux conditions de capacité imposées aux notaires à leurs attributions, à leur discipline, à leurs obligations et au tarif de leurs honoraires.

Dans la Prusse et la Bavière rhénane, la loi de ventôse an XI a continué à régir le notariat, malgré la séparation de ces pays avec la France, en 1814 et 1815. La situation des notaires y est la même, sauf quelques détails sans importance, qu'en Belgique et en Hollande.

RÉPONSE POUR L'ALLEMAGNE DU NORD.

Les renseignements que nous avons reçus sur l'état du notariat dans l'Allemagne du Nord, quoique nombreux, n'ont pas sur certains points toute la précision que nous aurions désirée. Ils nous permettent cependant de faire au questionnaire les réponses suivantes :

L'organisation du notariat diffère dans chacun des états de l'Allemagne du Nord, mais plutôt quant aux détails que quant aux points principaux, qui se retrouvent, sans changements appréciables, dans les diverses législations. Il est d'ailleurs question, aussitôt que la constitution politique de la Confédération du Nord de l'Allemagne sera bien assise, d'assimiler pour toute la Confédération la législation notariale, en étendant les attributions et en améliorant la position des notaires.

QUESTION 25.

Aujourd'hui cette position est bien inférieure à celle qu'occupent les notaires dans notre société française. Les notaires allemands ne jouent dans le monde des affaires qu'un rôle subalterne, quoique leur importance se soit bien accrue dans ces derniers temps. Il y a vingt ou trente ans, les notaires se recrutaient en général parmi les écrivains publics; ils étaient sans instruction, ils ne méritaient et n'inspiraient que peu de confiance. Aujourd'hui, au contraire, des gens instruits et distingués, jouissant de la considération publique, des avocats, des greffiers, des magistrats même, ne craignent pas d'ambitionner et de se faire donner les fonctions de notaires, qu'il leur est d'ordinaire permis de cumuler, et qu'ils cumulent en effet, avec leurs autres attributions.

Pour donner une idée plus développée de l'organisation et des attributions des notaires des différents états de l'Allemagne du Nord, nous choisirons, à titre d'exemple, celles des notaires de Hambourg, sur lesquels nous avons reçu des informations circonstancielles (1), tout en faisant remarquer qu'il n'est pas encore permis, à Hambourg, contrairement à ce qui se pratique maintenant en Prusse et dans la plupart des états voisins, de cumuler les fonctions de notaire avec celles d'avocat.

HAMBOURG.

QUESTIONS 1 A 4 ET 8.

La compétence des notaires de Hambourg diffère beaucoup de celle des notaires français : au lieu d'être investis du droit exclusif, comme en France, de procéder aux actes de la juridiction volontaire, cette attribution revient de préférence aux avocats; ce qui comprend les testaments, contrats, requêtes, actes concernant les placements ou l'administration d'argent ou de valeurs, se trouve également entre les mains des avocats. Aussi la position des notaires est-elle bien inférieure à celle des avocats. De sorte que, dans

---

(1) Ces informations sont dues à M. le docteur Behrmann de Hambourg.

la généralité des cas, les notaires ne font que des actes auxquels les parties veulent donner la foi publique, la certification ou la garantie d'un acte écrit.

Sans doute, les notaires ont aussi le droit de faire des contrats et des testaments; mais, comme il faut avoir pour ce genre d'affaires plus ou moins de connaissances juridiques, dont les notaires sont souvent dépourvus, on préfère s'adresser aux avocats. D'autre part, toutes affaires concernant les placements ou gestion d'argent ou valeurs, se trouvent presque sans exception entre les mains des courtiers de maisons, de fonds de terre et de change. Les notaires s'occupent particulièrement des protèts de traites, billets, des inventaires, de l'exécution, mais non de la confection, des testaments, des procurations, etc., des autres actes de même nature, dont le but essentiel est de constater par écrit des droits ou des obligations, et auxquels les parties veulent donner une valeur officielle. Une foi complète est due, en ce qui concerne les questions de forme, aux actes ainsi reçus par les notaires. S'il survient des difficultés touchant au fond de l'acte, la justice prononce sur leur validité ou leur non validité.

Question 5.

Tout notaire est tenu de garder un répertoire des actes qu'il a reçus; ce répertoire est visé à des intervalles réguliers par le président du Tribunal inférieur. Le notaire doit veiller avec soin à la conservation de ses minutes. Dans le cas où un notaire meurt ou quitte les affaires, le successeur prend possesion de toutes ses minutes, ainsi que de la responsabilité de la garde de ses actes.

Question 9.

Le notaire est obligé de prêter son ministère à chaque réquisition, sous peine d'une amende de 40 fr., non compris les dommages-intérêts.

Questions 10 a 12.

Pour être admis à exercer les fonctions de notaire à Hambourg, il faut justifier de connaissances spéciales et théoriques de droit, avoir travaillé comme clerc pendant un an au moins dans une étude de notaire, ce dont la Cour supérieure peut néanmoins dispenser selon les circonstances, et verser un cautionnement d'environ 3,000 fr. L'aspirant notaire doit, en outre, se soumettre à un examen qui est dirigé par deux notaires nommés par la Chambre des notaires, sous la présidence de deux membres de la Cour supérieure, laquelle est chargée de prononcer l'admission et de recevoir le serment du nouveau notaire.

Questions 13 et 14.

Les notaires ne peuvent choisir leur successeur; mais la Cour supérieure prend généralement en considération l'indication faite par le notaire désirant se retirer des affaires, à la condition que le successeur désigné ait rempli les formalités prescrites par la loi.

Questions 15 et 16.

Pour la complète validité des actes notariés, il faut généralement la signature de deux notaires. Pour les protèts de traites ou billets, la signature d'un seul notaire suffit. La signature du second notaire peut toujours être remplacée par celle de deux témoins.

QUESTIONS 17 ET 18.

La responsabilité du notaire, relativement aux actes qui lui sont confiés, est celle du droit commun. Il n'existe pas de responsabilité spéciale, comme pour les notaires français.

QUESTION 19.

Les honoraires des notaires sont fixés par un tarif émané de la Cour supérieure ; et un notaire reçoit, par exemple, pour le protêt d'une traite, environ 5 fr. 50 c., en dehors des déboursés ; pour l'exécution d'un testament simple, 30 fr.

QUESTIONS 20 A 22.

Le nombre des notaires est actuellement restreint à dix, à la tête desquels se trouve une Chambre des notaires, ainsi composée : un Président, trois Assesseurs et un Secrétaire. La durée des fonctions du Président est fixée à une année, mais il peut être réélu. La Chambre des notaires a pour mission de veiller à la bonne réputation des notaires établis, de concilier les différends qui pourraient revenir entre eux, et de prononcer, en cas de difficulté, d'accord avec la justice, sur l'exécution de leur mandat. Cette Chambre est sous la direction de la Cour supérieure.

PRUSSE.

Les attributions des notaires prussiens se rapprochent beaucoup de celles des notaires de Hambourg.

QUESTION 8.

Toutefois, au lieu de partager avec les avocats la rédaction des actes et contrats, ils la partagent avec les tribunaux qui sont investis, concurremment avec les notaires, du droit de recevoir et de constater officiellement les conventions des parties. En fait, on ne s'adresse aux notaires que pour les actes d'importance secondaire et on réserve aux tribunaux, quoique ce procédé entraîne plus de frais et d'ennuis, les actes les plus importants. Il est même certains actes, au nombre de dix-huit, pour la réception desquels les tribunaux seuls sont compétents. Tels sont les testaments, les donations, les émancipations, les contrats intéressant des sourds ou des aveugles, certains contrats intéressant les femmes, ou conclus entre deux époux.

En 1863, un grand nombre de notaires adressèrent une pétition au Parlement prussien, pour protester contre cette restriction apportée à leur compétence. Cette pétition, bien qu'accueillie favorablement par la Chambre basse, paraît n'avoir pas eu de suites.

QUESTIONS 5, 9, 15 ET 16.

Le mode de procéder des notaires est réglé en Prusse par une loi du 11 juillet 1845 qui, pour les détails, reproduit sur presque tous les points notre loi de ventôse an XI. Il en résulte spécialement que les notaires doivent garder minute de leurs actes, que leur ministère est obligatoire, et qu'ils doivent procéder en présence d'un autre notaire ou de deux témoins.

RÉPONSE POUR L'ALLEMAGNE DU SUD

L'organisation du notariat dans l'Allemagne du Sud se rapproche sur les points principaux de cette même organisation dans l'Allemagne du Nord. Elle en diffère cependant en ce que les progrès réalisés depuis une trentaine d'années dans l'Allemagne du Nord n'ont point été accomplis dans l'Allemagne du Sud, sauf en Bavière.

En effet, la législature bavaroise, émue des inconvénients qu'offrait l'organisation du notariat, a voté, le 11 novembre 1861, une loi à laquelle notre loi de ventôse an XI a servi de modèle.

Grâce à cette innovation, on peut faire à notre questionnaire, pour la Bavière, les réponses suivantes :

BAVIERE (1)

QUESTIONS 1 ET 3

Le mode de constatation des conventions se fait, soit par actes sous seings privés, soit par actes notariés et par actes judiciaires, selon la volonté des parties et le vœu de la loi.

Dans le cas où la loi investit les tribunaux d'un contrôle ou d'une surveillance sur certains objets de la vie civile, tels que la propriété foncière, le livre foncier et la matière hypothécaire, la tutelle et la curatelle, les successions et d'autres actes de la juridiction volontaire, et où le tribunal est chargé de surveiller, d'examiner et d'homologuer, le notaire devient exclusivement compétent pour rédiger les conventions.

Lorsqu'il s'agit d'un acte soumis à la surveillance du tribunal, le notaire envoie l'original au Tribunal qui y joint son jugement et le renvoie ensuite au notaire qui le garde en dépôt et en délivre des expéditions aux intéressés.

Quant aux contrats intéressant la propriété foncière et les droits réels immobilers, la loi attribue compétence exclusive aux notaires, et ceux-ci doivent en donner connaissance au bureau foncier qui est sous l'administration du tribunal.

Dans les affaires qui n'exigent ni l'intervention du tribunal, ni la coopération du notaire, les intéressés peuvent faire un acte notarié pour lui donner le caractère public.

Les ventes immobilières sont de la compétence exclusive des notaires, de même les inventaires ordonnés par la loi ou par jugement.

---

(1) Ces réponses sur la Bavière sont dues à M. H. Becker, avocat à la Cour impériale de Paris, membre de la Société, auteur du travail sur les législations diverses du notariat dont il est fait mention au *Bulletin*, page 30, vol. 1869. (Séance du 18 mars 1869.)

Sont facultatifs les actes de renonciation et les transactions sur procès.

Les intéressés peuvent donner à un acte sous seing privé la qualité d'un acte notarié en le déposant chez un notaire qui en dresse un acte de dépôt.

Sont aussi de la compétence notariale exclusive par l'effet de la loi civile, les contrats de mariage que la loi permet de faire soit avant, soit pendant le mariage, les contrats sur l'établissement d'un bien rural, les donations, les cautions des femmes, les inventaires, les protêts de change, les contrats de remplacement militaire, les emprunts hypothécaires, cession, consentement de mentions et radiations, les souscriptions du testaments mystiques déposés chez le notaire, les procurations à produire devant un Tribunal ou une autorité.

QUESTIONS 2, 15 ET 16

Sauf le cas où la loi prescrit la présence de témoin, l'authenticité s'effectue par le *notaire seul*, sans qu'il soit besoin de témoins. Mais la partie a le droit d'exiger la présence de deux témoins pour l'acte. Le second notaire peut remplacer les deux témoins. Leur présence réelle n'est nécessaire qu'au moment de la lecture et de la signature. On peut même les en dispenser, sauf à en faire mention.

QUESTION 4

Les actes notariés ont la qualité d'actes publics et la même valeur que les jugements.

Ils jouissent même de la force exécutoire comme les jugements si l'acte contient une obligation et que l'obligé ait consenti à l'adjonction de la clause d'exécution (Wollziebarkeits clausel).

Les tribunaux peuvent également ajouter la clause exécutoire aux actes de la même espèce qu'ils ont confectionnés.

Seulement il faut dire que l'exécution a lieu par les agents du tribunal et qu'il existe, en cas de difficultés, une procédure particulière.

QUESTION 5.

Les notaires sont tenus de conserver les minutes de tous les actes qu'ils reçoivent, à l'exception de quelques actes comme les protêts de change, les certificats de vie, les procurations.

QUESTION 6.

L'authenticité dérive du notaire lui-même qui reçoit du souverain une portion du pouvoir qu'il exerce par voie de délégation.

QUESTION 7.

Les notaires seuls, avec les tribunaux, ont mission de faire des actes publics.

QUESTION 8.

Les notaires ont un monopole. Ils l'exercent concurremment avec les tribunaux pour certains actes énumérés plus haut à la question n° 1.

QUESTION 9.

Les notaires sont obligés de prêter leur ministère lorsqu'ils en
sont requis, sauf dans certains cas prévus par la loi, tels que la violation de la loi ou de l'ordre public. Dans les cas douteux, le notaire avertit les parties et en fait mention dans l'acte. Il y a aussi
des cas d'empêchements provenant de la parenté ou de l'alliance.

QUESTIONS 10 A 12.

Les notaires sont nommés par le roi.

Ils sont des fonctionnaires publics.

Leur fonction ne peut leur être enlevée que par une peine cri-
minelle ou disciplinaire.

Peut être nommé notaire seulement celui qui a passé l'examen de
droit nécessaire pour être admis dans la magistrature, et qui a eu
au moins deux années de pratique chez un notaire ; ces conditions
ne sont pas exigées de celui qui a rempli la place de juge, d'avocat
royal, de secrétaire du tribunal ou d'avocat.

La profession de notaire est incompatible avec celle d'avocat et
toutes autres fonctions publiques ou commerciales.

Le nombre et la résidence des notaires sont fixés par ordonnance
royale.

Avant d'entrer en fonctions, le notaire prête le serment professionnel devant le tribunal du lieu où il doit exercer.

Il dépose sa signature et son parafe dans tous les tribunaux du
ressort de la Cour d'appel où il exerce.

Il en est de même de la caution qu'il doit déposer avant d'exercer. Cette caution est de 1,000 florins pour les notaires de tribunal
et de 500 florins pour les autres. Cette caution répond des taxes,
des condamnations à des dommages intérêts, des peines et des
dépens.

QUESTIONS 13 ET 14.

Après la mort, la démission, le remplacement d'un notaire, les
minutes et répertoires ainsi que le cachet professionnel sont déposés
au tribunal d'arrondissement ou de canton, jusqu'à ce que le président du tribunal en confie la garde soit à un notaire du même
district, et à défaut à un notaire d'un autre district.

Après la mort, démission ou remplacement du notaire, le ministre laisse les minutes et les répertoires au siége de l'ancien notariat, mais le ministre conserve la faculté de transférer ce siége
avec les minutes et les répertoires dans un autre endroit.

S'il y a plusieurs notaires dans la même localité, le ministre
décide et fixe celui auquel les minutes du notaire qui a cessé ses
fonctions doivent passer.

Dans tous les cas, le successeur ne doit pas d'indemnité au pré-
décesseur ou à ses héritiers.

En cas de suspension d'un notaire, les expéditions des actes sont
confiés à un notaire voisin, et c'est le président du tribunal qui,
après avoir entendu le notaire suspendu, décide la question de la
remise des expéditions à faire.

Le notaire qui se démet, doit attendre la nomination d'un successeur.

Le notaire peut, pour le cas d'une absence prolongée, se faire
remplacer par un substituant qui prend la place du notaire et agit
aux risques et périls de ce dernier. Le substituant doit avoir les
qualités d'un notaire, et c'est en général un clerc.

Ce notaire ne peut s'absenter plus de trois jours, autrement il est forcé d'en donner avis au tribunal. Et si son absence doit durer plus longtemps, il demande la permission au président du tribunal, en même temps que la nomination d'un substituant. Les permissions de 30 jours sont accordées par le président du tribunal, et celles de plus de 30 jours par le ministre de la justice, le tout sous peine de démission.

QUESTIONS 17 ET 18.

Le notaire est seul responsable, et la caution sert à indemniser les ayants-droit à des dommages-intérêts.

Quant aux dommages causés par le notaire pour des actes illégaux ou des omissions commises dans l'exercice de sa profession, l'Etat devient responsable seulement lorsque le notaire a été commis par le tribunal.

L'Etat est responsable, comme il le serait du tribunal lui-même. L'Etat est également responsable du notaire substitut, si ce dernier n'a pas été nommé sur la proposition du notaire, et seulement après l'épuisement de la caution.

QUESTION 19.

Les frais et honoraires sont réglés par une taxe fixée dans une ordonnance royale formant annexe de la loi :

Il y a des honoraires taxés selon la valeur de l'objet. Il y en a d'autres par lesquels il y a un minimum et un maximum. D'autres enfin sont des honoraires fixes, et d'autres fixés selon le temps employé à l'affaire.

Il y a encore des honoraires d'expédition, des indemnités de voyage et d'éloignement, des honoraires pour le second notaire, pour les témoins et le crieur.

QUESTIONS 20 A 22.

Les notaires forment une corporation.

Ils ont une chambre de discipline.

Les chambres de discipline maintiennent l'honneur et la dignité professionnels, et vident les différends professionnels.

Elles n'ont aucun pouvoir disciplinaire ; ce pouvoir étant exercé par les tribunaux.

Elles font des rapports au parquet et des projets de règlements à soumettre à l'agrément du ministre de la justice.

QUESTION 23.

Les notaires répondent des droits de fisc qu'entraînent les actes qu'ils reçoivent.

QUESTION 24.

En Bavière, les actes reçus par des notaires français n'ont que la valeur d'un acte sous seings privés.

QUESTION 25.

Depuis la mise à exécution de cette loi en Bavière, il s'est élevé dans ce pays des critiques sur l'institution du notariat. Elles se résument à ceci :

Les adversaires de l'institution se divisent en deux catégories, à savoir : 1° ceux qui ne réclament que quelques changements dans certaines parties de la loi, et particulièrement l'abolition des articles 14 et 18, qui ont donné une compétence exclusive aux notaires pour les actes concernant les droits réels immobiliers et les mutations d'immeubles; ils désirent aussi la remise aux tribunaux de la publication de tous les actes relatifs à la matière hypothécaire ; 2° ceux qui ne veulent voir dans le notariat qu'une idée rétrograde dans la législation et une pensée malheureuse. Ces derniers voudraient abolir radicalement le notariat et revenir simplement à la loi de 1856. Non-seulement ils se plaignent des articles 14 et 18 ainsi que du mode actuel hypothécaire, mais encore ils craignent que cette législation ne trouble l'ordre et l'état du système foncier. Pour eux, l'exécution notariale est défectueuse, et l'on ne saurait trouver que dans les greffes des tribunaux (cette prétention s'explique historiquement en Bavière où, avant 1861, la juridiction volontaire était entièrement tombée entre les mains des tribunaux et de leurs nombreux auxiliaires), le sentiment du devoir, l'amour de la profession, les connaissances juridiques et l'honnêteté. Quant au tarif notarial et à sa prétendue exagération, ces adversaires du notariat disent que c'est une *véritable calamité pour le pays.*

Malgré les résistances que soulève l'application de la loi bavaroise, et les critiques qui lui sont adressées, il y a tendance, dans les différents Etats de l'Allemagne du Sud, à la prendre pour modèle et à la généraliser. Un projet de loi proposé pour réglementer le notariat dans l'Autriche allemande, reproduit presque textuellement les dispositions de la loi bavaroise.

OBSERVATION SUR LA HONGRIE (1).

Dans le courant du mois d'octobre dernier, quelques-uns d'entre nous ont reçu la visite d'une Commission nommée par le ministre de la justice de Hongrie et venue en France pour y étudier l'organisation notariale.

Le notariat n'existe pas actuellement en Hongrie. Les conventions s'y constatent seulement à l'aide d'actes sous-seings privés sur la production desquels le serment est déféré, en cas de contestations. Le juge peut cependant, dans certains cas assez rares, authentiquer les conventions. On simule alors devant le magistrat une sorte de procès et, sur les écritures respectives des parties, il intervient une sentence dont le greffier du juge tient note et qui établit les droits qu'on peut faire consacrer. Ces errements, absolument primitifs, appellent une prompte réforme et l'introduction d'une législation qui est en ce moment à l'étude.

RÉPONSE POUR LA SUISSE (2).

Nulle part peut-être, plus qu'en Suisse, il n'est difficile de trou-

---

(1) Nous devons les renseignements qui ont servi d'éléments à ce travail à l'obligence de MM. Lasserre, avocat à Genève, Valloton, notaire à Lausanne, Vaire, notaire à Neuchâtel. Ils nous sont parvenus en partie par l'intermédiaire de M Reverchon, vice-président de la Société.

(2) Ces renseignements sont dus à l'obligeance de M. de Bogdany, avocat à Pesth, membre de la Commission envoyée à Paris.

ver un tableau complet des dispositions légales qui régissent la réception des actes notariés et l'organisation du notariat. Cette difficulté tient à la variété même des règles particulières à la législation notariale, qui diffèrent suivant les cantons. Autant de cantons, autant de lois notariales. Chaque pays, suivant ses origines, la langue qui s'y parle où son organisation politique a, sur le notariat, la forme et les effets des contrats, des institutions qui lui sont propres.

Parfois, et notamment à Bâle, entre la ville et la campagne, la loi n'est plus la même. Depuis la liberté complète de la profession de notaire et de la constatation des conventions, jusqu'à la réglementation française, tous les types d'organisation notariale connus coexistent dans la Confédération.

Entre tous les cantons cependant, les différences de législation ne sont pas également profondes. Les uns et les autres ont un trait commun de similitude. Suivant qu'ils sont français, allemands ou italiens, le notariat s'y rapproche de la législation française, allemande ou italienne.

Nous sommes loin d'avoir obtenu, il est vrai, la communication des lois des 22 cantons. Les seuls documents ou mémoires qui nous ont été adressés n'ont trait qu'aux cantons suivants: Genève, Neuchâtel, Vaud, Bâle ville, Bâle campagne.

Mais, d'après les renseignements qui nous ont été fournis, nous croyons pouvoir préjuger que la législation des autres cantons a d'assez grandes analogies avec celles de ces pays, suivant d'ailleurs qu'ils en sont eux-mêmes plus ou moins voisins et qu'on y parle ou non la même langue.

La législation de Genève et Neuchâtel, celle du Vaud, celle de Bâle seraient ainsi un exemple complet des législations existantes en Suisse, sauf dans la partie italienne. La législation de Genève et Neuchâtel n'est d'ailleurs elle-même, sauf quelques légères différences, que la législation française. Elle paraît régir toute la partie occidentale de la Confédération. La législation de Bâle et celle de Vaud aurait plus de ressemblance avec la législation de l'Allemagne du Sud. Elle est celle de la Suisse centrale et de la Suisse du Nord. Il faut ajouter que, dans un certain nombre de cantons, les fonctions de notaires sont encore à l'état le plus primitif, c'est-à-dire aux mains des greffiers du juge, comme à l'époque féodale. Ce serait là, à peu de chose près, l'état du notariat dans les cantons italiens et dans certaine portion rurale des cantons allemands, témoin dans le canton de Bâle campagne.

Les correspondants qui ont bien voulu nous fournir ces renseignements ajoutent que la Suisse ne cherche pas à arriver, sur ce point du moins, à l'uniformité de législation. Elle considère les différences profondes de ses lois comme une des garanties de sa liberté. Si l'on se préoccupe de perfectionner, dans les divers cantons, l'organisation notariale, c'est donc sans aucune pensée d'ensemble ni d'unité.

Conformément à l'ordre suivi jusqu'ici dans ce rapport, nous allons, sous chacune des vingt-cinq questions rédigées par la Commission, examiner les documents que nous avons sous les yeux et leur emprunter les réponses qui doivent être faites à notre questionnaire; nous grouperons ainsi, d'après leurs analogies, les dispositions des diverses législations que nous analysons, et nous signalerons, en même temps, leurs différences.

QUESTION 1re.

Dans la Suisse occidentale, à Genève, à Neuchâtel, le mode de constatation des conventions est le même qu'en France.

Les actes sous seing privé acquièrent date certaine dès qu'il ont été visés par un magistrat ou un officier public (notaire, juge de paix, préfet, etc.).

Dans le canton de Vaud, il s'y rapproche même beaucoup de celui de la loi française. Les actes se divisent en actes notariés ou sous seing privé. Certaines conventions ne peuvent être passées qu'en la forme notariée.

Il en est de même dans la loi civile de Bâle ville, et dans celle de Bâle campagne, pour les actes que reçoivent les greffiers.

QUESTION 2.

A Genève, à Neuchâtel, dans le canton de Vaud même, la convention reçue par un notaire assisté, comme en France, de deux témoins ou d'un second notaire est authentique. A Bâle, le notaire instrumentaire confère à lui seul à l'acte qu'il dresse l'authenticité. Dans les testaments, il doit seulement être assisté de trois témoins.

QUESTION 3.

A Genève, et dans les cantons ci-dessus dénommés, l'authenticité de la forme est essentielle à la validité de certaines conventions. Les cantons de Genève, de Vaud, de Neuchâtel, de Bâle ville, ont, en d'autres termes, à l'instar du droit français, leurs contrats solennels.

A Genève, à Neuchâtel, ces contrats sont les mêmes qu'en France. Dans le canton de Vaud, les rentes immobilières, les inventaires dressés à la dissolution des communautés, les hypothèques et les main-levées au dessus de 500 fr., les actes de société, les contrats de mariage, les actes respectueux, les consentements à mariage pour l'étranger, doivent être passés en la forme notariée pour être valables.

A Bâle, il en est de même de tous les contrats qui ont pour objet des droits immobiliers et qui doivent être transcrits sur les registres du cadastre ou des contrats de nantissement, à moins que la remise réelle des valeurs données en gage n'ait été effectuée. Les contrats de mariage sont également assujettis à la forme notariée. La signature des futurs est nécessaire à la validité du contrat, ainsi que celle de deux témoins.

QUESTION 4.

A Genève et dans le canton de Vaud, les actes notariés ont la même force exécutoire que les jugements, à la condition d'être revêtus de la formule d'exécution.

Dans le canton de Neuchâtel, ils sont exécutoires en l'absence de toute formule, au moins pour les actes qui emportent une obligation de sommes.

Dans le canton de Bâle ville, les actes notariés sont authentiques, mais ils n'ont pas la forme exécutoire.

QUESTION 5.

A Genève, comme en France, les actes sont dressés en minutes et délivrés, aux parties en expéditions, puis, au bout de cinquante années, les minutes sont versées dans les archives publiques.

A Neucbâtel, ce sont à peu près les mêmes règles qui sont en vigueur. Les minutes doivent être minutées dans un minutaire paginé à l'avance par l'autorité judiciaire. Le notaire seul a le droit de tenir la plume dans les minutes.

Après la mort de chaque notaire, les minutes sont déposées aux archives publiques.

Dans le canton de Vaud, au contraire, l'acte est d'abord dressé en brevet, puis transcrit en minute sur un registre *ad hoc* dans le délai d'un mois. En cas de perte de l'original, le registre fait foi. (L. du 1er décembre 1855.)

Dans le canton de Bâle, les parties conservent leurs actes. Ils sont dressés en brevets et leur sont remis. Les notaires en prennent seulement copie sur des registres qu'ils conservent.

QUESTION 6.

Dans les divers contrats, l'authenticité dérive de ce fait, que l'acte a été reçu avec les formes requises. (*V. suprà.*)

QUESTION 7.

Partout, ce sont les notaires qui sont spécialement investis du droit de conférer l'authencité.

Dans le canton de Bâle campagne, il n'y a cependant pas de notaires, et leurs fonctions sont dévolues aux greffiers des tribunaux du premier degré.

QUESTION 8.

Genève est le seul canton où le nombre des notaires soit limité. Ils sont nommés par le Conseil d'Etat. Le nombre des notaires est de douze pour tout le canton. (V. arrêté du 10 décembre 1851.)

Dans les cantons de Vaud, de Neuchâtel, de Bâle, le nombre des notaires n'est pas limité.

QUESTION 9.

Dans le canton de Genève et de Neuchâtel, comme dans celui de Vaud, les notaires sont obligés de prêter leur ministère lorsqu'il est requis, à l'exception cependant des dimanches et jours fériés. Cette exception souffre un tempérament en matière de testament. A Bâle, où leur nombre n'est pas limité, les notaires ne sont pas tenus d'obtempérer à la réquisition qui leur est faite.

QUESTIONS 10, 11 ET 12.

A Genève, les notaires sont nommés au concours par le conseil d'Etat; mais les dispenses de stage ou d'examen que la loi accorde dans certains cas et dont nous dirons un mot dans quelques instants, paraît avoir amené certains abus.

Le chiffre maximum des notaires, fixé par la loi de Genève, n'est pas toujours atteint. Le nombre des études ne correspond d'ailleurs pas toujours au nombre des notaires en titre. Il arrive très-fréquemment que deux notaires s'associent pour exercer dans la même étude. Ils desservent la même clientèle. Il en résulte qu'en ce moment on compte, à Genève, douze notaires pour huit études.

Les clientèles attachées aux études se vendent, ainsi que les minutes. Mais les minutes ne suivent pas forcément le sort des clientèles.

Souvent, c'est un notaire déjà établi qui achète les minutes d'une étude vacante, tandis qu'un notaire nouvellement promu a traité de sa clientèle.

L'approbation du traité relatif aux minutes, comme la nomination aux fonctions de notaire, appartient au Conseil d'Etat.

Les conditions d'admission aux fonctions de notaire sont sérieuses. Le programme des examens à subir est sévère, et lorsqu'un candidat est dispensé de s'y présenter, c'est à la condition de justifier de sa capacité par l'exercice de certaines professions publiques ou de la profession d'avocat.

L'idée de ces dispenses qui, paraît-il, a donné lieu à de certains abus, est empruntée à la loi de ventôse, qui, on le sait, consacre certaines réductions de stage ou certaines dispenses au profit des anciens avocats, avoués, ou même de tous fonctionnaires ayant exercé, sans avoir démérité, toutes fonctions publiques.

La durée du stage notarial à Genève est de 4 années. Ce stage peut être réduit d'un an ou de deux ans par la justification d'un exercice équivalent de la profession d'avocat.

L'exercice de la profession durant 4 années aboutit même à une dispense totale du stage.

Dans le canton de Vaud, l'admission au notariat est régie par des règles analogues. La liste des notaires n'est confiée qu'aux aspirants qui ont fait un stage et qui ont obtenu après examen un brevet de capacité.

Les aspirants au stage sont également assujettis à un examen. Le diplôme de licencié en droit rend ceux qui le produisent aptes à être nommés au bout de deux ans de stage.

Là encore, c'est le Conseil d'Etat qui nomme.

Parmi les documents adressés à notre Société, se montre le règlement qui organise les examens à subir par ceux qui se présentent au stage, ou veulent obtenir le brevet de capacité.

Ce règlement a été délibéré par le Conseil d'Etat le 20 juin 1861.

Dans le canton de Neuchâtel, exception assez rare, on peut être nommé notaire en dehors de toute justification de stage, à la condition de subir deux examens à trois mois de distance devant une commission constituée à cet effet. L'examen roule sur le Code civil, les lois de procédure de commerce sur les lois fiscales et cadastrales. Il se compose d'une épreuve orale et d'une épreuve écrite.

Les candidats doivent avoir 22 ans au moins. Dans le canton de Vaud au contraire, on ne peut être notaire qu'à 25 ans.

A Bâle, il y a quelques années à peine qu'on n'exigeait aucune justification de stage, mais l'usage contraire commence à prévaloir.

Le gouvernement ne nomme plus aujourd'hui que les aspirants qui justifient d'un stage quelconque et qui établissent leur moralité et leur capacité.

Ajoutons pour compléter ces renseignements sur l'organisation des fonctions de notaires dans les cantons dont nous nous occupons :

1º Qu'à Genève et dans le canton de Vaud, les fonctions de notaires sont incompatibles avec celles de greffiers, d'avocats, d'agréés, et avec toute fonction publique salariée, ainsi qu'avec la qualité d'associé à toute fonction incompatible elle-même avec le notariat.

2º Que, dans le canton de Vaud, les notaires sont assujettis à rester dans une résidence qui leur est fixée par leur patente.

Ils peuvent cependant instrumenter dans tout le canton. Mais ils ne peuvent recevoir des actes ayant trait à des immeubles que dans le district de leur résidence.

Enfin la substitution entre confrères est admise dans le canton de Vaud, en cas d'absence, de maladie, de service militaire, etc.

QUESTION 13.

A Neuchâtel et dans le canton de Vaud, les notaires en exercice n'ont aucun droit à désigner leur successeur.

A Genève, nous l'avons dit, ils peuvent traiter de leurs minutes et de leur clientèle, et par cela même il en est ainsi à Bâle où la profession de notaire est libre.

QUESTION 14.

A Genève, plusieurs notaires peuvent s'associer pour exploiter la même étude. C'est le seul canton où cet usage soit autorisé.

QUESTIONS 15 ET 16.

Dans le canton de Genève, la réception des actes notariés est régie par des règles qui ne sont autres que celles de la loi du 25 ventôse an XI, sans le tempérament qui y a introduit la loi du 21 juin 1843.

Le notaire procède assisté de témoins ou d'un second notaire, sauf dans les certificats de propriété.

Mêmes règles dans le canton de Vaud.

QUESTIONS 17 ET 18.

Les notaires, dans le canton de Genève et de Neuchâtel et dans ceux de Vaud et de Bâle, sont assujettis à la responsabilité de droit commun. S'ils prêtent leur ministère à un acte frauduleux ils en sont réputés les complices, et ils sont condamnés solidairement à réparer le préjudice qui en est la suite.

Dans le canton de Vaud on exige, comme garantie de leur responsabilité, que les notaires fournissent caution pour une somme qui varie de 7 à 10,000 francs, suivant l'importance de leur résidence.

La caution est constituée par acte authentique. Elle doit être consentie par deux personnes notoirement solvables, mais étrangères au notariat ou à toute autre profession où un cautionnement serait exigé.

L'acte de cautionnement est envoyé au département de justice qui vérifie si la caution constituée est sérieuse. Une fois admise, la caution est valable pour 10 ans. (L. du 21 janvier 1858 sur l'organisation notariale modificative de celle du 29 décembre 1836.)

QUESTION 19.

A Genève, les notaires sont rémunérés par des honoraires proportionnels, conformément à un tarif qu'a réglé un arrêté du conseil d'État du 21 décembre 1838.

Ce tarif ne comprend du reste que les ventes, les cessions, les échanges, les quittances, les donations, les partages, en un mot, les actes importants, mutations de propriétés immobilières. En voici les bases :

Pour les ventes, le droit perçu est de 7 francs jusqu'à 1,590 francs, d'un demi du cent de 15,800 francs à 25,000, d'un tiers du cent de 25,000 francs à 50,000, d'un quart du cent jusqu'à 100,000 francs.

Pour les quittances il est d'un demi du cent au-delà de 10,000 fr. et de 5 francs au-dessus.

Pour les partages, il est de 12 francs jusqu'à une valeur totale de 25,000 francs, de 16 francs jusqu'à 6,000 francs, d'un quart jusqu'à 50,000 francs.

Quant aux autres actes, ils sont rémunérés d'après la règle du règlement amiable, suivant des règles que les notaires ont admises entre eux.

Dans le canton de Vaud, les actes notariés sont tarifés conformément à un tableau joint aux arrêtés des 5 janvier 1839, 16 janvier 1851. Ce tarif admet la proportionnalité de l'honoraire.

A Bâle, il en est de même depuis la loi du 3 mars 1863.

Dans le canton de Neuchâtel, les actes notariés sont encore assujettis à un tarif qui remonte à plus de cent ans, et il y aurait, en conséquence, lieu de le réviser.

La règle du partage des honoraires n'est généralement pas connue en Suisse. Le notaire qui reçoit en dernière analyse un acte en perçoit les honoraires, quels qu'aient pu être les soins et démarches du confrère qui en aurait été précédemment chargé.

QUESTIONS 20, 21 ET 22.

Dans aucun des cinq cantons, les notaires ne sont organisés en communautés. Diverses tentatives ont été faites à Genève dans ce but, mais elles n'ont pas abouti.

En conséquence, les notaires ne forment point une corporation ayant sa discipline, sa bourse commune et son administration particulière.

La surveillance disciplinaire est aux mains du préfet, qui l'exerce assisté de deux experts.

Il en est de même à Neuchâtel, à Bâle et dans le canton de Vaud.

A Bâle, le préfet a le droit d'inspecter les études.

Dans ce canton, toute coalition de notaires ayant pour but la tarification de certains actes est interdite.

Depuis la loi du 13 septembre 1868, les notaires de Genève sont devenus, comme en France, les auxiliaires du Trésor pour le recouvrement de l'impôt de l'enregistrement.

Voici ce que porte cette loi dans les articles 125 et suivants :

ART. 125. Les droits des actes tant civils que judiciaires doivent être acquittés avant l'enregistrement, savoir, par les notaires, pour les actes passés devant eux.

ART. 127. Les actes notariés doivent être enregistrés dans le délai de dix jours, sauf les inventaires, qui peuvent l'être dans le délai de trois mois, à partir de chaque vacation (pour donner le temps au notaire de compléter ce qui a trait au passif de la succession, dont on tient compte pour le paiement des droits de mutation).

ART. 131. Les notaires, etc., en cas de contravention à l'art. 127 pour les actes sujets au droit fixe, sont soumis à une amende de 10 francs

ART. 132. Pour les actes sujets au droit proportionnel à une amende égale au montant du droit.

Dans le canton de Neuchâtel, ces notaires ne sont pas tenus de faire l'avance des droits d'enregistrement, mais ils doivent, sous peine d'être recherchés, aviser la direction des droits dus sur les actes qu'ils ont passés.

Dans le canton de Vaud, les notaires n'ont pas à faire l'avance des droits. Ils sont seulement tenus de fournir, tous les trois mois, au receveur des finances du district, une liste des actes reçus par eux et donnant lieu à des droits de mutation.

(Il n'y a pas de droits d'enregistrement proprement dits avec les noms et adresses des débiteurs des droits.)

Ces obligations hypothécaires doivent être écrites sur un papier marqué d'un timbre proportionnel au montant de l'obligation.

Question 24.

Les jugements et actes notariés rendus ou passés hors du canton de Genève ne peuvent y être mis à exécution ni transcrits qu'au-tant qu'ils auront été déclarés exécutoires par le tribunal civil, par-ties ouïes et dûment citées, et le ministère public entendu. (Loi sur la procédure civile du 19 septembre 1819.)

Question 25.

Art. 276. Même règle dans le canton de Vaud. A Neuchâtel, les actes authentiques passés hors du canton ont la même force que ceux qui ont été passés dans le canton, pourvu qu'il ne s'agisse pas de transferts immobiliers.

Tel est l'ensemble de cette législation. Elle donne lieu chaque jour, de la part des parties et des jurisconsultes, à bien des criti-ques. Nous le répétons, le vœu des esprits éclairés n'est pas qu'on arrive à l'unifier. Mais on est particulièrement d'accord pour qu'elle soit révisée ou modifiée sur les deux points suivants, sur lesquels nous ne saurions mieux faire que de résumer à peu près textuellement les critiques que nous avons eues sous les yeux.

Le règlement relatif au mode d'admission des notaires est très-défectueux, en ce sens qu'il laisse la porte grande ouverte à l'arbi-traire ; pourquoi ne pas opter dès l'abord entre la nomination di-recte par le conseil d'Etat, ou la voie du concours, ou plutôt pourquoi ne pas imposer le concours ou l'examen d'état, dans tous les cas, comme c'est l'usage en Allemagne? Quoique le favori-tisme et l'intrigue ne soient pas autant à redouter en Suisse que dans d'autres endroits, le gouvernement peut cependant, dans un mo-ment donné, céder à certaines influences, et il peut arriver, comme il y a trois ans, qu'au moment où on va établir un concours entre les divers candidats inscrits, un avocat, ancien membre du pouvoir exécutif ou telle autre notabilité, se présente et passe d'emblée à la barbe des candidats plus jeunes.

Un autre inconvénient du système suisse, qui est en partie com-mun au système français (au moins de l'avis des Suisses dont nous résumons ici les idées), c'est la formalité de la signature du second notaire. Elle n'a pas d'avantage dans un pays où la nomination des notaires est entourée de réelles garanties et où leur nombre est limité, et elle devient une pure affaire de forme et une compli-cation parfaitement inutile, car le notaire qui signe en second, s'il n'intervient pas à l'acte, n'entend prendre aucune responsabilté en signant, ou au moins ne doit pas s'y trouver exposé. Qu'on limite la signature en second aux cas prévus par la loi de 1843 en exi-geant alors la présence effective du second notaire (ce qui n'est pas le cas en Suisse), très-bien ; que si le notaire d'une des parties qui ne reçoit pas l'acte désire conserver ses droits aux honoraires, il

signe également l'acte, très-bien encore ; mais que pour les autres
cas et surtout pour les actes en brevet, on supprime cette compli-
cation dont le résultat est souvent, comme on en a parfois la preuve
à Paris, d'amener la disparition des minutes.

Pour terminer le sujet, nous dirons qu'en ce qui concerne la dé-
livrance des grosses et expéditions, les brevets, les répertoires, le
sceau, etc., on suit encore en Suisse les prescriptions de la loi de
ventôse an XI. Le droit de rôle est de 1 fr. 30 cent. par page pour
les deux prémières pages et de 80 centimes par pages pour les suivantes.

A Neuchâtel on émet le vœu que les actes soient signés par
deux notaires et que le notaire soit, par suite, dispensé de minuter
ses actes *propria manu*. Certains actes doivent aussi pouvoir être
faits au brevet. Les conditions d'admission au notariat devaient être
remaniées et rendues plus difficiles.

Les notaires bâlois se plaignent aussi de l'insuffisance du Code
civil dans certaines matières. On espère que les changements pro-
jetés dans la législation auront une bonne influence sur l'institution du notariat.

La création d'une Chambre de notaires par canton pour discuter
des questions importantes et pour donner une plus grande uniformité à la forme des actes serait assez désirable.

RÉPONSE POUR L'ITALIE.

En Italie, le notariat est en ce moment en voie de réorganisation sur des bases uniformes.

Provisoirement, chaque province conserve à peu près, et non
sans quelque confusion, son ancienne organisation notariale. Pour
la plupart d'entre elles, cette organisation est nulle ou presque
nulle, et les notaires ne sont, en fait, que des écrivains publics
n'offrant aucune garantie spéciale de capacité ou de moralité, et
n'ayant d'ailleurs que des fonctions très-restreintes. Dans quelques
autres provinces, l'organisation est plus perfectionnée. Il en est
particulièrement ainsi en Piémont, et l'étude de l'ancien notariat
piémontais est même la seule qui nous paraisse offrir de l'intérêt
pour la Société. Nous répondrons donc, à notre questionnaire, en
ce qui le concerne, de la manière suivante :

ANCIEN PIÉMONT.

QUESTION 1.

Les conventions au-dessus de 300 francs doivent être prouvées
par acte écrit, authentique ou sous seings privés. Au-dessous de
300 francs, les conventions peuvent être établies par témoins ou
par présomptions.

QUESTION 2.

Les modes de conférer l'authenticité aux actes sont les mêmes
qu'en France.

QUESTION 3.

Il y a certaines conventions à peu près les mêmes qu'en France qui ne peuvent être passées que par actes authentiques.

QUESTION 4.

Les actes authentiques ont la même force exécutoire que les jugements.

QUESTION 5.

Les actes authentiques sont conservés dans les minutaires que doivent tenir les officiers ministériels. De plus, il y a obligation pour les parties de remettre au bureau du tabellion une copie de tous les actes sujets à l'insinuation (enregistrement). Le tabellion (notaire) doit garder cette copie.

QUESTION 6.

L'authenticité dérive de ce que l'acte a été reçu par un officier public compétent, selon les formes prescrites.

QUESTION 7.

Ces officiers publics sont les tabellions ou notaires, et, pour certains actes, les greffiers, les secrétaires des communes, les notaires certificateurs.

QUESTION 8.

Les notaires ont un monopole.

QUESTION 9.

Leur ministère est obligatoire, excepté lorsqu'il s'agit d'un acte illicite ou immoral ou entre parties inconnues.

QUESTION 10.

Ils sont institués à vie par le roi.

QUESTIONS 11 ET 12.

Les notaires sont répartis par département d'insinuation. Leur nombre est limité, mais, en fait, beaucoup plus considérable proportionnellement qu'en France. Ils doivent avoir 25 ans, et ne peuvent être nommés qu'en justifiant qu'ils ont suivi des cours d'instituts de droit civil et de notariat, fait un stage de pratique et subi d'une manière satisfaisante un examen écrit ou oral.

QUESTION 13.

Ils n'ont pas le droit de se choisir un successeur.

QUESTIONS 15 ET 16.

Le mode de procéder des notaires n'offre rien de particulier, si ce n'est qu'ils doivent toujours être assistés de témoins dont le nombre varie avec la nature des actes. Ces témoins ne peuvent être remplacés par un autre notaire.

Question 17.

Ils sont soumis, comme en France, à une responsabilité spéciale.

Question 18.

Cette responsabilité est garantie par un cautionnement, mais peu élevé.

Question 19.

Les frais et les honoraires dus aux notaires sont déterminés par tarif. Ils sont en général assez modiques.

Questions 20 a 22.

Les notaires forment une corporation administrée par le collège des notaires, dont la principale attribution consiste à provoquer les mesures disciplinaires. Les collèges de notaires sont aussi juges de l'admission des candidats.

Question 23.

Les notaires sont obligés d'acquitter les droits d'insinuation, et, s'ils n'en ont pas exigé l'avance des parties, ils en sont tenus néanmoins, sauf leur recours contre les parties.

Question 24.

Tous actes passés en pays étranger ont la même force que s'ils avaient été passés en Piémont, pourvu que les formes exigées par la loi du pays où ils ont été passés aient été observées, et qu'ils aient été insinués et visés pour timbre en Piémont.

Question 25.

La situation du notariat piémontais soulève en Italie certaines critiques. Les principales concernent :

1° Le grand nombre des notaires (un tiers environ de plus qu'en France);

2° La modicité du tarif de leurs honoraires, comparés à ceux des notaires français;

3° La non-transmission de leurs offices.

Toutes ces causes créent aux notaires piémontais une situation bien inférieure à celle des notaires français. Les premiers sont simplement des fonctionnaires à vie chargés de recevoir les actes et de leur donner l'authenticité. Ils n'exercent pas sur les affaires de leurs clients, à titre de conseils et d'hommes inspirant confiance, la même influence que les notaires français.

Néanmoins, les projets de réforme ou plutôt de réorganisation du notariat encore à l'étude sont loin de rallier tous les Italiens au système français.

Il reste à examiner, suivant eux, de quel côté est le véritable intérêt public et s'il est réellement utile et rationnel de créer au profit des notaires une situation aussi considérable que celle qu'ils ont en France. Cette opinion et l'opinion inverse sont également soutenues.

Nous trouvons particulièrement signalé, comme résultat avantageux du système actuel et de la modicité des tarifs, la proportion des actes qui pourraient être passés sous seings privés, et qui sont passés devant notaires. Cette proportion est beaucoup plus considérable en Piémont qu'en France.

OBSERVATION SUR L'ESPAGNE, LA TURQUIE ET L'AMÉRIQUE.

Il ne nous est parvenu sur les autres pays que quelques renseignements relatifs à l'Espagne, à la Turquie, au Canada, aux Etats-Unis de l'Amérique du Nord, et à certaines républiques de l'Amérique du Sud. Ces renseignements sont trop incomplets pour nous permettre d'y puiser une réponse à notre questionnaire. Nous le regrettons peu, et n'avons pas même fait de sérieux efforts pour combler cette lacune. Dans ces divers pays, en effet, l'organisation du notariat et d'une manière plus générale du mode de constatation des conventions est encore dans l'enfance, et son étude serait nécessairement dépourvue d'intérêt. Il nous suffira d'observer qu'en Espagne et dans l'Amérique espagnole, les notaires paraissent n'être que des écrivains publics moins considérés encore que dans l'Italie du Sud, et qu'aux Etats-Unis le mode de constatation des conventions se rapproche beaucoup de ce qui existe en Angleterre.

RÉPONSE POUR L'ALGÉRIE.

Le notariat est régi, en Algérie, par l'arrêté ministériel du 30 décembre 1842, 26 janvier 1843, légèrement modifié par quelques textes plus récents (1).

D'après cet arrêté, et la manière dont il est appliqué, la situation des notaires, en Algérie, est, sur plusieurs points, absolument la même que celle des notaires français, spécialement en ce qui concerne les actes authentiques, les conditions de l'authenticité, le monopole des notaires et leur mode de procéder.

Mais cette situation diffère de celle des notaires français sur d'autres points fort importants ; ce qui comporte les réponses suivantes à notre questionnaire.

QUESTION 1 ET 2.

En cas de décès d'un notaire avant qu'il ait signé un acte reçu par lui, cet acte, s'il est signé par les parties, peut être régularisé sur la demande de celles-ci ou de l'une d'elles, par la signature d'un notaire du même arrondissement, que le Tribunal commet à cet effet (art. 24 de l'arrêté).

---

(1) Le notariat a été organisé dans les Antilles par décret du 14 juin 1864. En Cochinchine, par le décret du 22 septembre 1869, 15 février 1870.

QUESTION 5.

Les notaires conservent leurs minutes comme en France.

En outre, les parties intéressées à des actes reçus par un notaire peuvent lever à leurs frais, pour leur sûreté, et déposer au greffe du Tribunal du ressort des expéditions desdits actes collationnés et signés par le notaire et légalisés par le président du Tribunal. Le greffier est tenu de recevoir ce dépôt et d'en faire mention (art. 58 de l'arrêté ministériel.)

QUESTION 7.

Dans les lieux où il n'y a qu'un notaire, s'il est empêché, il est remplacé par le greffier de première instance ou de justice de paix (art. 56 de l'arrêté).

Dans celles des villes du littoral où sont établis des commissariats civils et pour lesquelles il n'existe pas de notaires, les secrétaires des commissariats reçoivent et rédigent, en la forme des actes notariés, les conventions des parties qui requièrent leur ministère à cet effet. En ce cas, ils déposent et conservent, dans les archives du secrétariat, la minute desdites conventions, et peuvent, lorsqu'ils en sont requis, en délivrer aux intéressés des expéditions qui leur sont payés d'après le taux réglé par l'article 24 de l'arrêté ministériel du 18 décembre 1842, portant organisation des commissariats civils — Les actes ainsi rédigés ne valent que comme écrits sous signature privée. — Le tout sans préjudice des attributions exceptionnelles conférées aux mêmes secrétaires par l'arrêté précité, en matière d'inventaire (art. 57 de l'arrêté).

Il a été jugé : 1° Qu'aux termes de cet article, les sécrétaires des commissaires civils ont une capacité suffisante pour recevoir un testament qui doit être compris dans le sens juridique du mot *convention* et lui conférer, sinon la force d'exécution parée, au moins l'authenticité nécessaire à sa validité. — Cour d'Alger, 10 février 1858, première chambre ;

2° Que l'article 57. déclarant expressément que les actes reçus par les secrétaires des commissaires civils, en la forme notariée, vaudront seulement comme écrits sous signature privée, on ne saurait attribuer à un acte d'obligation hypothécaire reçue par eux, la force de l'exécution parée, ni celle de la constitution d'hypothèque, que l'article 2127, C. Nap., n'accorde qu'aux actes authentiques passés devant notaire; que c'est ainsi qu'a toujours été interprétée la disposition analogue qui se trouve dans l'article 54, C. proc.; qu'enfin l'exception spéciale qui résulte, dans un cas déterminé, des dispositions de l'article 56 de l'arrêté sur le notariat en Algérie, confirme le principe contraire posé dans l'article 57. — Cour d'Alger, 28 mai 1858, deuxième chambre;

3° Que si les actes reçus par les secrétaires des commissaires civils n'emportent pas exécution forcée, ils n'en sont pas moins authentiques, et spécialement, que le contrat de mariage passé dans la forme des actes notariés par le secrétaire d'un commissariat civil est valable, et confère à la femme hypothèque légale pour ses reprises dotales. — Cour d'Alger, 19 janvier 1867.

QUESTION 9.

D'après l'article 13 de l'arrêté ministériel, les notaires seront tenus de prêter leur ministère toutes les fois qu'ils en seront requis, à moins de motif légaux d'abstention.

QUESTION 10.

Les notaires sont nommés par l'Empereur.
Le décret de nomination fixe le lieu de la résidence.

QUESTION 11.

Les conditions requises pour être admis aux fonctions de notaire sont les mêmes qu'en France (art. 4 de l'arrêté), sauf les points suivants :
Le stage exigé est de cinq ans, dont un au moins de premier clerc dans l'étude d'un notaire de France ou d'Algérie. Il peut être suppléé par l'exercice antérieur de certaines professions judiciaires ou administratives (art 5).
Si le candidat est clerc de notaire en France, il doit joindre à sa demande un certificat de capacité et de moralité émanant de la chambre des notaires de son arrondissement.
Si le candidat est clerc de notaire en Algérie, il doit se faire délivrer ce même certificat par une commission composée d'un magistrat président et de deux notaires, tous trois désignés par le procureur impérial (art. 6).
Le stage en Algérie est justifié par l'inscription des clercs sur le répertoire (art. 25).

QUESTIONS 13 ET 14.

Les notaires n'ont pas le droit de se choisir un successeur ni de céder leur office à quelque titre que ce soit (art 14 de l'arrêté).

QUESTIONS 15 ET 16.

Les notaires doivent se faire assister, pour chaque acte, de deux témoins européens, sans que les mêmes témoins puissent être habituellement employés (art. 15 de l'arrêté).
L'art. 16 de l'arrêté règle avec détails les procédés à employer pour le cas où l'une des parties ou l'un des témoins ne parle pas français et a besoin du ministère d'un interprète.

QUESTION 17.

Les art. 19, 20 et 21 de l'arrêté obligent, sous peine de responsabilité éventuelle, les notaires à s'assurer, par certains moyens spécialement prescrits, de l'identité des parties qui comparaissent devant eux, et à faire, pour les établissements de propriété, certaines mentions et justifications.

QUESTION 18.

Le cautionnement s'élève :
Pour les notaires d'Alger, à 6,000 francs.
Pour les autres résidences, à 4,000 francs.
Au cas de saisie-arrêt du cautionnement d'un notaire, il doit, sous peine de destitution, le reconstituer dans le délai de trois mois, ou rapporter la mainlevée de la saisie (art. 12 de l'arrêté).

QUESTION 19.

Les frais et honoraires des notaires sont fixés comme en France (art. 34, 35, 36 et 37 de l'arrêté).

Cependant la taxe est faite, non par le président, mais par le Tribunal en chambre du conseil, le ministère public entendu.

QUESTIONS 20, 21 ET 22.

Les notaires ne forment pas de corporation. Il n'y a pas de chambre de notaires.

Cependant, le procureur général doit, chaque année, nommer un syndic (art. 46 de l'arrêté). Mais cette prescription paraît, en fait, tombée en désuétude.

La discipline des notaires, en Algérie, est l'objet de dispositions assez minutieuses contenues dans le chapitre V de l'arrêté. Ces dispositions n'offrent, d'ailleurs, rien de particulièrement remarquable.

QUESTION 23.

L'art. 36 de l'arrêté impose aux notaires l'obligation de mentionner avec détail les sommes reçues ou réclamées sur les originaux des actes en brevet, grosses ou expéditions des actes en minute.

Mais cette prescription est tombée en désuétude.

QUESTION 25.

On pense généralement, en Algérie, qu'il serait bon que les charges fussent vénales.

Ce serait une garantie de plus pour les parties, à divers points de vue.

Ce serait une juste récompense pour le notaire qui a mis, pendant une partie de son existence, ses lumières et son zèle à la disposition des intérêts des familles, et a ainsi conquis une clientèle qui lui est propre.

Ce serait une propriété de plus dans le pays, et sa richesse en serait accrue d'autant.

Il est certain qu'aujourd'hui la position des notaires, en Algérie, est bien inférieure à celle des notaires en France.

Une réforme importante devrait être apportée dans les dispositions de l'arrêté ministériel, relatives à la discipline des notaires en Algérie.

La loi ne protège pas suffisamment la sécurité du notaire. Cette sécurité se trouve, il est vrai, dans l'esprit de justice, dans l'impartialité des parquets, mais il serait préférable que la loi y pourvoie elle-même.

Exemple : Une plainte est adressée par un notaire, elle lui est communiquée par le parquet, et il y répond, sa réponse, pour que la question soit bien éclaircie, est communiquée au plaignant qui réplique, et le notaire est mis à même de répondre encore à cette réplique. Il croit avoir fourni toutes les explications désirables, et, convaincu des torts absolus de la plainte, il reste sans inquiétude et sans préoccupation. Mais la question est appréciée autrement au parquet du procureur général. On trouve que le notaire a contrevenu à une des nombreuses obligations qui lui sont imposées ; sa révocation est proposée et prononcée sans qu'il s'en doute.

Il faudrait ajouter aux articles 40 et 41 de l'arrêté ministériel que toute enquête devra être contradictoire, c'est-à-dire que les parties devront être présentes dans leurs explications mutuelles, et que les témoignages devront être également reçus en leur présence.

Puis, que les conclusions du procureur général devront être communiquées à l'inculpé avant d'être mises à exécution.

L'art. 29 de l'arrêté ministériel prescrit la tenue d'un registre de dépôt des sommes et valeurs, registre visé trimestriellement par le recéveur de l'enregistrement.

Pour que cette prescription soit efficace, il faudrait que le registre fût tenu d'une manière uniforme et d'après un modèle, et que chaque acte présenté à l'enregistrement fût accompagné d'un avis du notaire indiquant le dépôt auquel cet acte a donné lieu.

Mais n'y aurait-il pas là une immixtion fâcheuse de l'administration fiscale dans le secret des conventions et agissements des particuliers?

Telles sont, pour le moment, les principales réformes et questions qui se discutent en Algérie, en ce qui touche l'organisation du notariat. Nous reproduisons les opinions courantes sans en accepter naturellement la solidarité.

Paris. — Typogr. de E. Brière, 257, rue Saint-Honoré.

TABLE DES MATIERES.

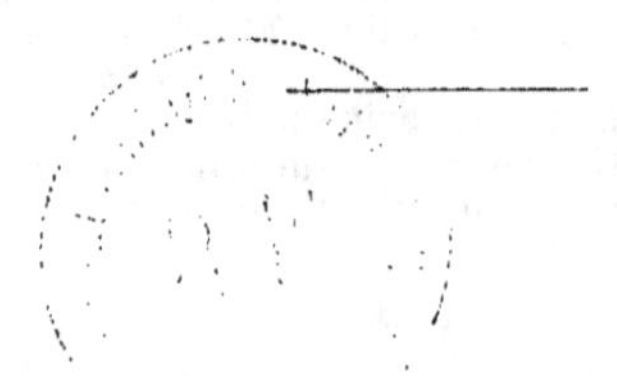

		Pages.
Rapport.— § Ier.— Idée générale sur la preuve		3

Rapport.— § Ier.— Idée générale sur la preuve 3

§ II. — Acte sous-seing privé.—Preuve anglaise............. 6

§ III. — De l'authenticité selon les lois françaises............. 9

§ IV. — Législations qui ont adopté le type français ou qui en dérivent......... 15

§ V. — Application des règles qui précèdent aux détails de l'organisation notariale française......... 17

§ VI. — Force des actes notariés français à l'étranger 29

Conclusions......... 32

Annexes.—Analyse des documents adressés à la Société.......... 38

Paris.— Typogr. de E. Brière, 257, rue Saint-Honoré.